入社1年目から差がついていた!

仕事ができる人の「集中」する習慣とコツ

Smart people have habits and tips for concentrating on work.

石井貴士

Takashi Ishii

すばる舎リンケージ

はじめに

集中できるようになれば、あなたも成功できる

「いつも気が散ってしまうんです。集中力があったらなぁ」

なかなか集中できないおかげで、何をやっても中途半端なまま終わってしまう人がいます。一方で、

「いつも目の前のことに集中できている。仕事がはかどるのが当たり前だ」

と、苦もなく集中状態に入れる人がいます。

その違いは、何なのでしょうか。

生まれつきの才能の違い？
いいえ、そんなことはありません。

集中する能力は、誰しも生まれながらにして持っているのです。
好きなアーティストのコンサートに集中したり、テレビを観ることに集中した経験は、誰しもあるはずです。

誰でも、集中することはできるわけです。

自然と、知らず知らずのうちに、集中してしまった経験は、誰しもあります。
ただ、「意図的に、自分の思い通りに、好きなときに集中状態に入れない」という、ただ、それだけなのです。

集中すると、仕事の成果は、突出したものになる

想像してください。

もし、あなたが、好きなときに、集中状態に入れたら、どうなるでしょうか。

スポーツで考えてみれば、わかりやすいはずです。

「ゾーン（集中状態）」に、好きなときに入れたら、運動選手も、素晴らしい結果が残せるようになるはずです。

「AさんとBさんが、同じ能力を持っていたとします。競争したときに、どちらが勝ちますか？」と言われたら、通常の状態では、五分五分で勝敗が決まります。

ですが、Aさんがゾーン（集中状態）のときと、Bさんが普通のときに競争したら、どうでしょうか。

それならば、集中しているAさんが、勝つはずです。

そう。つまり、能力が互角な場合、意図的に集中状態を作れるようになれば、勝てる

ようになるのです。

バスケットボールをしていて、ゾーンに入っている一流選手と、ゾーンに入っていない一流選手で、１ｏｎ１になれば、前者が勝ちます。

ゾーンに入っている2軍の選手と、ゾーンに入っていない1軍の選手であれば、ほぼ互角の戦いになるでしょう。

ビジネスマンでも、同じように考えることができます。

自分よりも能力が高い先輩社員に、入社1年目のときに、仕事のスピードで勝つのは難しいはずです。

ですが、相手が集中できていない状態で、こちらがゾーンに入っている状態ならば、あなたのほうが、仕事量は多くなるはずです。

そもそも、新入社員同士であれば、現時点での能力には、ほとんど差はありません。

そんな中、あなたが、いつでもどこでも、好きなときに集中できるようになれば、同期の中では、ダントツの結果を残すことができることになります。

私自身、執筆中はゾーン状態に入ることで、次から次へと頭に浮かび上がってくる文章を、ひたすらパソコンに打ち込むことができています。

「カタカタカタカタ……」とキーボードを叩く音だけが室内に響き、いつの間にか数時間が経過している、というのが私の日常です。

「集中状態を意図的に作ること」によってこういったことができるようになるのです。

集中することで、ライバルをゴボウ抜きにできる

「あの人は、私よりも美人だ」
「あの人は、実績がある」
「あの人は、しゃべりがうまい」

同期や、先輩社員と自分を比較して、「自分なんてダメだ」と思ってしまう方も、いるでしょう。

たしかに、ルックスは見た目でわかりやすいですし、営業成績も数字に表れます。

そんな中、あなたは「集中」というポイントでなら、勝つことができます。

集中できないことで悩んでいる人は、大勢います。

すぐにスマホをいじってしまったり、すぐにテレビに逃げてしまう人も、大勢います。

集中状態に入る方法に関して勉強している、という人は、なかなかいません。

それ以前に、「意図的に集中状態に入る」という発想さえ、ないはずです。


私自身、そもそもの才能レベルでは、普通の人と変わりません。

ただ集中する習慣とコツを知っているために、多くの本を書くことができているというだけです。

作家デビュー13年で、累計62冊、180万部を出版し、『本当に頭がよくなる1分間勉強法』（KADOKAWA／中経出版）は、年間ベストセラー1位（2009年、日販調べ、ビジネス書）を獲得することができました。


あなたも、集中する方法を知るだけで、大きな成果を成し遂げられるのです。

この本は、「なかなか集中できない」という人が多い中、あなたが「意図的に集中状態に入れるようになる」ために、書きました。

能力が同じなら、集中で勝つ。

能力で負けていても、集中している一瞬であれば、勝てるはずです。

集中できるようになるかどうかは、生まれつきの才能ではなく、後天的に身につけられる「スキル」なのです。

あなたは集中できるようになるだけで、周囲と比べて、ダントツの結果を残すことができるようになるのです。

2016年4月

石井　貴士

仕事ができる人の「集中」する習慣とコツ

目次

第2章 集中できると、自由な時間が増える

第3章 目の前のことだけに意識を向ける集中法

第4章

複数の人との仕事における集中法

第5章

毎日集中するための「習慣」

第6章 集中するためのマインドテクニック

カバーイラスト　ユリコフカワヒロ
ブックデザイン　金澤浩二(Fukidashi Inc)
本文図版　李 佳珍

※本書に掲載されている企業名、機器、ソフトなどの各情報は、２０１６年４月時点のものです
※本書に掲載されている機器やソフトの仕様などについては、各販売元、製造元へお尋ねください
※本書に登場する商品名、企業名、ブランド名、サービス名などは、一般に商標として登録されています。ただし、本書では煩雑になるのを避けるため、®表記などは省略しております

第1章

集中できる人はその仕組みを知っている

①

「集中力がない人」はこの世にいない。なぜなら、「集中力」自体、存在しないからだ。

しかし、誰しもが「集中状態」に入ることができる。

集中できる人は、「集中」状態に入ろうと努力する

気が散る人は、「集中力」を追い求める

「集中力」というものは存在しない

「なんて私は集中力がないんだ。集中力があればいいのに」

集中できないと悩む人は、決まって、そのセリフを口にします。

しかし、**「集中力」というのは、そもそも存在しない概念です。**

どこにもないのに、「あればいいのに」と考えるのは、おかしいです。

実際に存在するものならば、求めてもいいですが、ないものを求めても、手に入るはずがないのです。ならば、追い求めるだけ時間のムダなのです。

集中に関して存在する概念は、「集中状態」と、「非集中状態」の2つです。それらは、「脳波」で数値化することができます。

脳波には、ベータ波、アルファー波などが存在し、「アルファー波」と呼ばれる状態が、いわゆる「集中状態」です。対して、集中していないときの脳波は「ベータ波」と呼ばれています。

「集中できない人」も存在しない

「集中しているか否か」が、たんなる脳波の違いによるものならば、「集中できる人・できない人」という分け方は、ナンセンスです。人は誰しも、集中状態に入ることができるからです。

たとえば、あなたはテレビゲームが好きで、ゲーム機をセットしたとたん、その世界にのめり込んでしまうとします。一方で、会社に行くとなかなか集中できず、仕事が進まないという悩みを抱えている場合を考えてみましょう。

この場合、あなたは「集中できない人」ではありません。ある条件下においては、「集中できる人」だと言えます。

あなたは、これから本書でお伝えする習慣とコツを身につけるだけで、普段のベータ波の脳波を、意図的にアルファー波に持っていけるようになります。

そうすれば、いつもは好きなことでしか集中できなかったのに、いつでもどこでも集中できる人になれるのです。

脳波による頭の中の状態の違い

	β	α	θ	δ
脳波	ベータ波	アルファー波	シータ波	デルタ波
周波数	13～90Hz	8～13Hz	4~8Hz	0.5~4Hz
状態	通常の状態	集中状態＝ゾーンの状態	意識があるときと、意識がないときの境目の状態 寝る直前、起きた直後のまどろみの状態 超瞑想状態	夢を見ていない、深い睡眠状態

集中状態に入るためには、ベータ波からアルファー波へ持っていく！

②

「集中」には2種類あって、作業などの内容によって集中状態を使い分けるのがベスト。

集中できる人は、集中は「2種類」と知っている

気が散る人は、集中は1種類だけだと思っている

2種類の集中を知れば、あなたも集中できる

「集中するのが苦手なんです」と言う方に、「それは、2つのうち、どちらの集中のことですか？」と聞くと、「集中って2つあるんですか!?」と必ず、聞き返されます。

集中には、2種類存在します。レベルⅠ《ワン》の集中と、レベルⅡ《ツー》の集中です。

①　レベルⅠの集中

レベルⅠの集中は、世間一般で言われている、いわゆる集中状態のことを指します。テレビゲームに夢中になっていて、「ご飯よー！」とお母さんから声をかけられても、聞こえていない状態だと思えば、わかりやすいでしょう。

1つの物事に集中して、ほかのものが見えなくなるのが、レベルⅠの集中です。

②　レベルⅡの集中

レベルⅡの集中は、「宮本武蔵の集中」と私は呼んでいます。

青い空を見上げながら、小鳥のさえずりを聞き、敵の足音もすべて聞こえていて、前から来る敵も斬りながら、後ろの敵にも注意を払うのが、全方位型のレベルⅡの集中です。

男性はレベルⅠの集中が得意で、女性はレベルⅡの集中が得意だと言われています。男性は、プラモデル作りや、電車のレール遊びといった、目の前にある1つに没頭することが得意です。一方、女性は、電話で相手と話しながら、料理をしながら、テレビを観ながら、子どもの面倒を見ていたりします。

同時並行で、いろいろなことをこなすことができるのが、レベルⅡの集中です。同時に何人もと話すことができた聖徳太子も、このレベルⅡの集中が得意だったと言えるでしょう。

レベルⅡの集中のときは、話しかけられても、言葉を返すことができます。

これは、どちらの集中がいい、悪いの話ではありません。次項で詳しく述べますが、**集中したい対象によって使い分ける**のが正しいのです。

「集中するのが苦手だ」という場合は、「レベルⅠの集中が苦手」か「レベルⅡの集中が苦手」のどちらかがわからないと、最初の一歩が踏み出せないのです。

レベルⅠの集中と、レベルⅡの集中の違い

	レベルⅠ	レベルⅡ
集中の方向性は？	一点集中型	全方位型
男女別で考えると？	男性が得意	女性が得意
どういう場面で？	例… プラモデル作り、 電車のレール遊び	例… 電話をしながら、 料理をしながら、 テレビを観ながら、 子どもの面倒を見る
他者から声をかけられたら？	話かけられても気づかない	何かしているときでも、会話と同時並行できる
どんなことに向いている？	デスクワークや勉強など	恋愛、スポーツ、他者とのコミュニケーション

場面や状況によって、集中の種類を使い分ける。

3

個人の仕事と、複数で行う仕事で、集中を使い分けるとよい。

集中できる人は、集中を使い分ける

気が散る人は、集中の使い分けができていない

仕事においては、2つの集中状態を使い分ける

仕事には、大まかに分けて、2つあります。

①デスクワーク、資料整理など……個人で行う仕事

②取引先との商談、会議、プレゼンなど……複数人で行う仕事

①のときには、レベルⅠの集中を使います。**目の前の仕事だけを、最速で終わらせることが目的**だからです。

②のときには、レベルⅡの集中を使います。取引先の興味は、どこにあるのかを聞き出しながら、雑談の内容を考え、どのタイミングで商品を売り込むべきかのタイミングを計るという**同時並行の作業が必要**になってきます。

集中して聞いているだけではなく、適切なタイミングで、適切な発言をしなければいけません。

常に、全方位型の集中で、発言者の言うことを聞きながら、発言者ではない人の反応も見なければいけないわけです。

仕事ができる人は、個人の仕事のときにはレベルⅠの集中を、複数の仕事のときには、レベルⅡの集中を使い分けます。

仕事ができない人は、目の前は仕事の山なのに、ほかの人の顔色をうかがって、レベルⅡの集中をしていたり、会議のときには、発言者の言うことばかり聞いて、上司の顔色が目に入らないレベルⅠの集中をしてしまっているわけです。

レベルⅡの集中が必要なときに、レベルⅠの集中をしてしまうと、「あいつは空気が読めない」と言われます。

反対に、レベルⅠの集中が必要なときに、レベルⅡの集中をすると、「あいつは心ここにあらずだ。言われた仕事もできないのか！」と言われるわけです。

まとめると、**集中には2つあり、個人の仕事と、複数の人と行う仕事で、使い分けることが、仕事ができるようになるための秘訣**なのです。

個人の仕事と、複数人で行う仕事

個人の仕事

※目の前の仕事だけを、いかに早く終わらせるかが大事！

デスクワーク
資料整理
読書
専門分野の勉強
資格試験などのテスト中

複数人で行う仕事

※相手の考えをくみ取ったり、まとめたりする

商談
社内会議
プレゼン
上司への連絡・報告・相談
電話でのアポ取り

仕事の内容や状況、場面によって、集中の仕方は使い分ける

第2章

集中できると、自由な時間が増える

①

集中できればできるだけ、自由な時間が手に入る。

集中できる人は、どんどん自由な時間が増える
気が散る人は、どんどん自由な時間が減っていく

集中できるようになれば、人生の時間が増える

集中できるようになれば、今までとはまったく違う時間の使い方ができるようになります。それはなぜでしょうか。次の２つの行為を比較して、どのような違いが生まれるか考えてみましょう。

①　Aという作業を、ダラダラと1時間かけて行う
②　Aという作業を、集中して1分で終わらせてしまう

②の人は、①の人の**60倍の効率化**に成功したことになります。余った59分で、同じように作業を行えば、同様の作業が60回こなせます。

極端な話、収入も60倍になってもおかしくないわけですから、集中する方法を学ぶと、収入がどんどん増えていくと言っても過言ではありません。

仕事で、８時間かけて行うはずの作業を１時間でできるようになれば、残りの７時間

で、好きなことができます。仕事をしてもいいですし、遊ぶこともできます（誰も見ていなければ、ですが）。

集中すればするだけ、自由な時間が増えていくのです。

人は誰しも、与えられた時間は同じです。世界一の大富豪ビル・ゲイツも、使い切れないほどの資産があるウォーレン・バフェットも、与えられた時間に限って言えば、あなたと同じです。彼らは、ほかの人と同じ時間を有効に使っているだけです。

ダラダラ仕事をすれば、それだけ、あなたが自由になる時間が減ります。

一方で、忙しい、忙しいと言って、いつの間にか人生が終わっていく会社員が、どれだけ多いことでしょう。

定年退職をしたサラリーマンが「何で忙しかったのか、さっぱり覚えていない。いったい自分の人生は何だったんだろう？」と言っているのをよく聞きます。

会社員は、忙しく過ごしていたら、いつの間にか時間が経ってしまうのです。

そうならないためにも、集中し、時間を生み出していきましょう。集中できれば、人生を豊かにすることもできるのです。

仕事は集中してサクサク進めよう

8時間、ダラダラ仕事をする場合

1時間で仕事を終わらせ、7時間は自由に過ごす

1時間で仕事を終わらせたら、
あとの7時間は自由な時間!

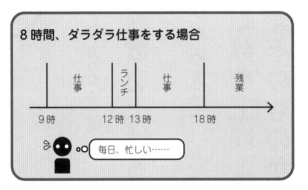

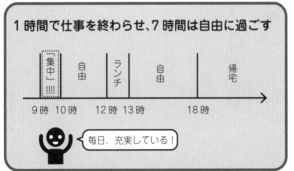

②

年間8冊以上を出版する著者。かつては、1時間に3行程度しか書けなかったのが、
今では、1日に30ページ以上を書き上げる集中状態を身につけた。

集中できる人は、
回転数を上げる
気が散る人は、
回転数を上げようとする
概念そのものがない

回転数を上げるために、毎日を生きる

「いくら頑張ってもできる作業の量には限りがある。だったらいつも通りでいいか」といって、注意散漫な状態で仕事をする人がいます。これでは、いつまで経っても仕事のスピードは上がりません。

仕事をする目的の1つは、あなたの「回転数」を上げることです。本書で示す「回転数」とは何かというと、**一定の時間あたりにこなせる「作業量」**のことです。

企画書や報告書を1枚書き上げるまでに、これまで1時間をかけていたビジネスパーソンが、5分でそれらを作れるようになったら、スピードが12倍アップしたことになります。

資料に目を通すのに10分かかっていたのが1分になれば、回転数は10倍になるのです。

作家デビュー13年目で、62冊の本を出した私も、だんだんと回転数を上げて今に至ります。もちろん、最初からいきなり文章が書けたわけではありません。

会社員時代に、文章を書く練習を始めたときは、1時間で3行くらいしか書けませんでした。1ページを書くのに6時間くらいかかっていたのが、3時間、2時間、1時間とだんだん短くなっていったのです。

出版ペースも上がってきました。2003年に最初の1冊が出たのを皮切りに、2004年には4冊の本が、2015年は、8冊の本が出版されました。回転数がどんどん上がっているのです。

かつては、3カ月〜4カ月で1冊というペースでの執筆だったのが、今では、5〜7日で1冊分の文量を書くことができます。

4日で1冊、長編小説を書いても10日で1冊のペースのときもあります。

やっていることは同じで、回転数が上がっているだけなのです。

「どうしたら、そんなに速く文章が書けるんですか？　コツはあるんですか？」とよく聞かれますがそのときは、「回転数を上げる意識をする」とアドバイスをしています。

具体的には、**かかった時間を毎回計測する**のです。

たとえば、ある日は、企画書を書くのに1時間かかり、翌日は55分だったら、それを

やればやるほど、回転数は上がっていく

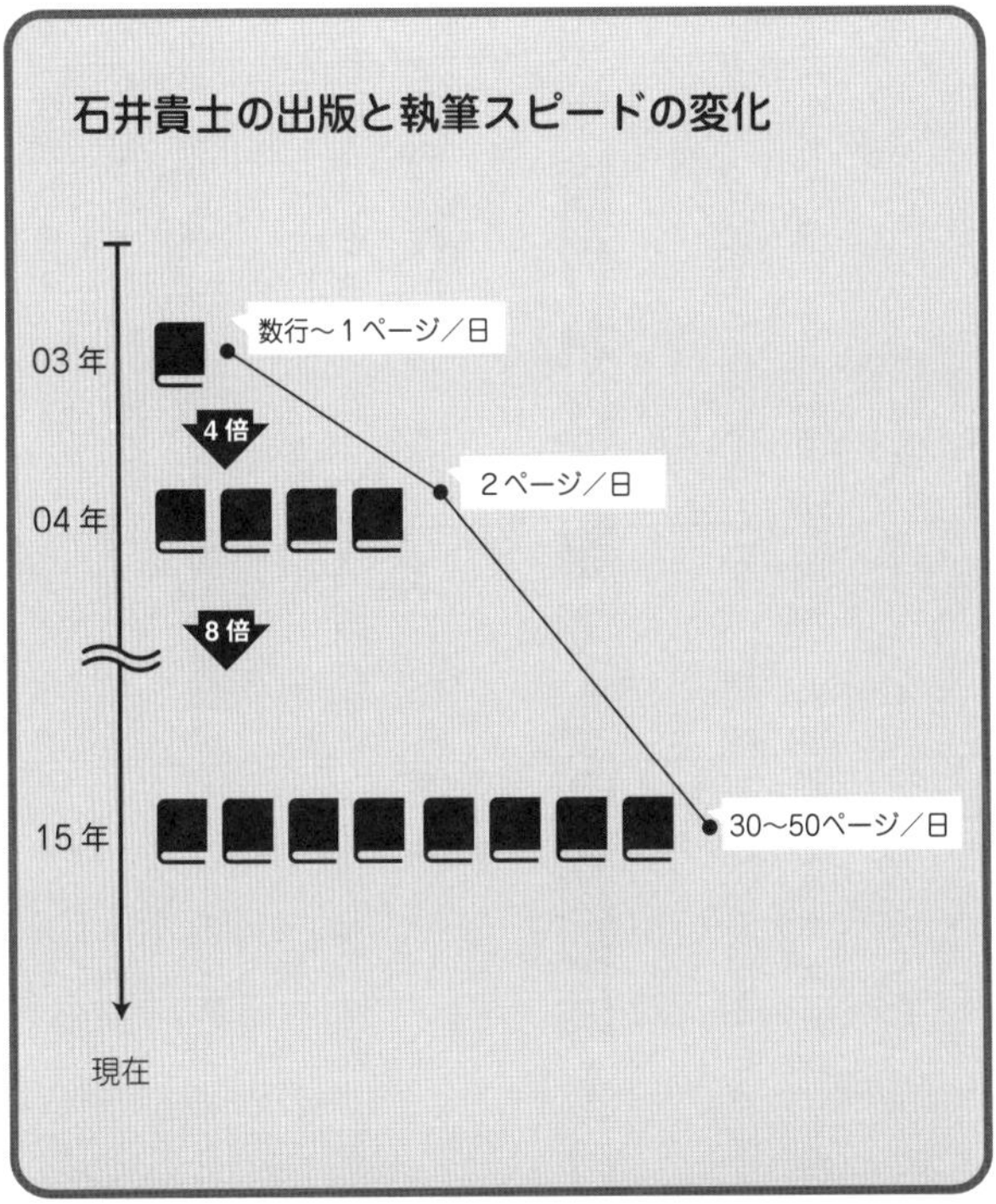

回転数が上がると、
クオリティーもアップする。

毎回メモしていくのです。計測を積み上げることで、数値を比較することもでき、意識することにもつながります。

最初は、小さな歩みでも構いません。

どんどんと回転数を上げていくことで、執筆スピードも、内容のクオリティーも上がっていきます。

仕事ができるようになるということは、好きなときに集中状態に入れるようになって、一定時間あたりの回転数が上がるということなのです。

コツコツ続ければ、誰でも回転数は上げられる

いきなり仕事ができるようになるという、魔法の方法は存在しません。

スパイラルをイメージして、最初は少し、次のときはさらにもう少しと、1時間あたりにできる量を増やしていくことで、気がついたら、遠くに到達しているわけです。

私は年に数回、「石井と一緒に、リアルタイムで本を書こう！」という4泊5日の執

筆合宿セミナーを開催しています。

朝9時から始まって、どのくらいのペースで私が本を書くのかを、実際に横で見ながら、自分たちも文章を書いてみるというコンセプトのセミナーです。

最初は「石井先生のようになるのは、無理です」と思うようなのですが、参加者は、最終日になると、初日は1日1ページだったのが、1日4ページになっていたりします。

たったの数日で、回転数を上げることは、可能です。

「仕事は、回転数を上げることなんだな」ということが、新人時代にわかると、あなたはすぐにでも、仕事ができる人になれるのです。

3

本当に集中したいならば、今この瞬間から「朝型」人間になろう。

集中できる人は、午前中を大切にする
気が散る人は、午後からでいいやと思っている

朝に仕事をしないのは、人生における損失だ

脳が一番活発になっているのは、午前中です。

午後は、朝よりは動きが鈍くなっていて、夜になると脳の働きはかなり悪くなります。

ということは、午前中に集中して仕事を終わらせてしまうのが、一番効率がよいのです。かの有名なデール・カーネギーも次のように言っています。


「朝寝は時間の出費である。しかも、これほど高価な出費はほかにない」


朝ダラダラと過ごすのは、一番もったいない時間の使い方です。

集中するなら、午前中が勝負です。

たとえば、午後になると、電話がかかってきて、応対しなければいけない頻度も多くなります。

『月と六ペンス』などで有名な、作家のサマセット・モーム氏は、13時以降は執筆をしないと決めていたそうです。

それでいて、お手伝いさんを10人以上雇えるくらいのお金持ちになったのです。

作家の村上春樹氏も、14時までが執筆タイムで、それが過ぎると突然マラソンを始めるそうです。

私も、執筆タイムは、14時までにしています。

13時まで、14時まで、15時までで、どれが一番身体に負担もかからず、毎日継続できるかを、自分の身体を使って実験したのです。

そうしたら、13時までは、「**せっかく仕事がのっているのに、ここでやめてしまっては〝もったいない〟**」という感覚に陥ったのです。

私の場合は、14時までが執筆タイムというのがベストで、その後は、執筆をしたとしても、ペースが落ちたり、ダラダラしてしまうことがわかりました。

1日の中のゾーンタイム

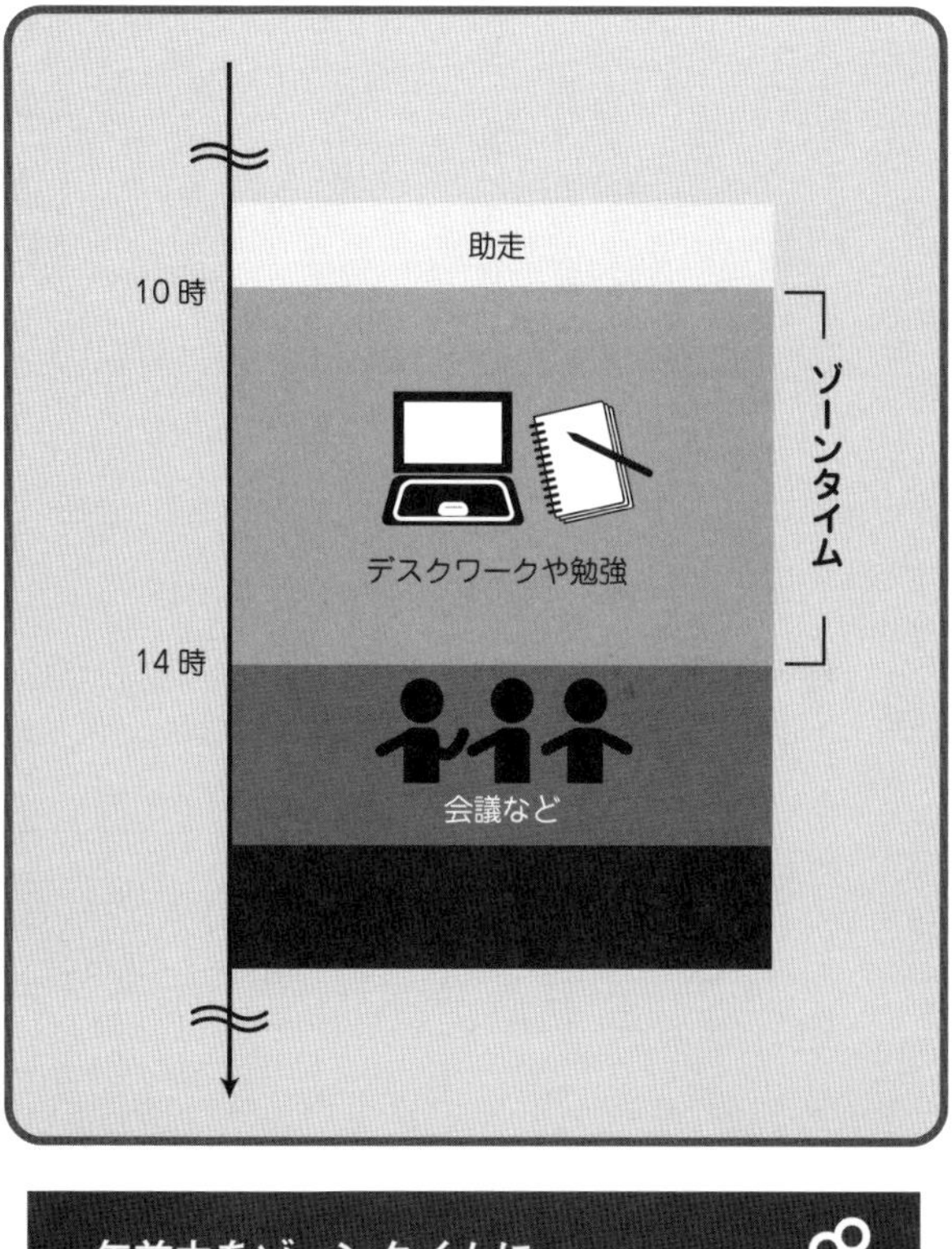

午前中をゾーンタイムに設定しよう！

午前中に集中することで、回転数は上がる

集中して仕事をするのは、「いかに午前中を大切にするか」とイコールです。

「私は、夜型なんですけど、ダメですか？」という人がいます。

ダメです。

絶対に、朝型に変えなければいけません。

ちなみに、早起きが苦手という人はたいてい冬場に寒くて起きられないということが多いようです。

そのため、朝4時ごろから暖房がつくよう予約しておき、起床時間には部屋が暖まっている状態にすると、目覚めやすくなります。

朝に脳が元気になることは、有名な脳神経外科専門医の築山節氏も述べており、加えて生活リズムの安定化にもつながると早起きをすすめています。

ならば、あなたも朝型人間になり、集中して仕事をするのが一番です。
「変わりたくない」という気持ちもわかりますが、すべては回転数を上げるためです。
最高のパフォーマンスを発揮するために、午前中に仕事をする人間へ今この瞬間に、
生まれ変わりましょう。

④

お昼は一人で食べましょう。もしできるなら、お昼は食べずにその時間を仕事に充てることをオススメします。

集中できる人は、
お昼ご飯を13時以降に、
一人で食べる

気が散る人は、
お昼ご飯を、みんなと一緒に
食べに出かける

周りがランチをしている間に一人で仕事をする

私が会社員時代に嫌だったのは、お昼時《どき》に誰かから誘われることでした。休み時間が12時から13時までだとして、ほかの人に合わせてしまったら、自分だけの仕事ができなくなります。

多くの会社は、12時から13時までが、お昼ご飯を食べるための休み時間のはずです。ですが、この時間帯というのは、**もっとも仕事がはかどる1時間**なのです。

ほかの人がいなくなるわけですから、自分一人の仕事に集中できます。

朝9時、10時から仕事を始めて、トップスピードになっているのが、この時間帯です。（今、私が時計を見たら、この文章を書いている瞬間が、13時43分でした）

極論を言うと、一番いいのは、お昼ご飯を食べている時間そのものがもったいないので、食べないことです。そうすれば、お昼ご飯を食べる時間がまるまるカットできて、集中できます。

次にオススメの方法は、出社前にコンビニでおにぎりや、レトルト食品を買っておくことです。レトルト食品は、10分ほどで準備できるものがよいでしょう。

「コンビニでおにぎりなんて、ひもじい。お昼休憩は、しっかり休むべきだ」という人もいるでしょう。

ですが、厳しいことを言わせていただければ、だから、そういう人は、仕事ができないのです。ほかの人が休んでいるときに、仕事をしたほうが、誰からも邪魔をされないのではかどります。

私の場合は、「**執筆をする際には、お昼ご飯は、ほかの人と食べない**」というルールにしています。

たとえお腹が空《す》いていたとしても、レトルト食品を温めて食べたり、バナナをほうばったりして、なんとかやりすごします。

集中できる人と気が散る人のお昼の過ごし方の違い

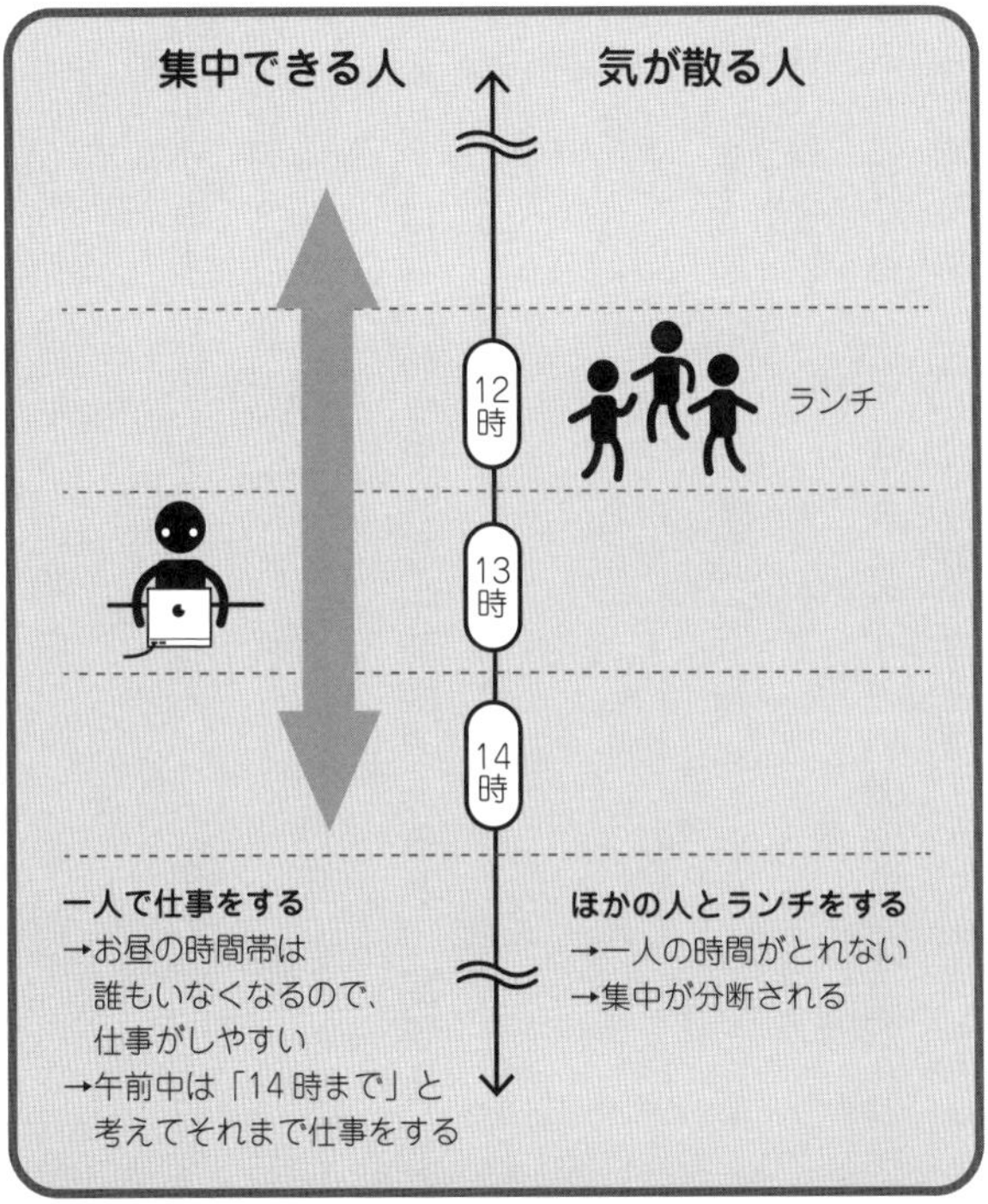
集中できる人
気が散る人
12時
ランチ
13時
14時
一人で仕事をする
→お昼の時間帯は
誰もいなくなるので、
仕事がしやすい
→午前中は「14時まで」と
考えてそれまで仕事をする
ほかの人とランチをする
→一人の時間がとれない
→集中が分断される

集中状態のピークをむかえる時間帯にお昼に行かなくてもよい！

午前中の定義は、あなたが決めていい

午前中の時間というのは、大切な時間です。午前中の時間と言うと、「12時までだな」と杓子定規に考えてしまいがちです。

違います。

「13時まで」もしくは「14時まで」を午前中であると、定義をし直してください。

そう考えると、トップスピードのまま、午前中を終えることができます。

とはいっても、ほとんどの会社では、12～13時がお昼休みと規定されているのが現状ではないかと思います。でも、たとえ時間が決められていたとしても、「誰かと食べなさい」とまでは決められていないはずです。

なるべく一人でお昼をササッと済ませたり、小腹を満たす程度のものにしておいて、すぐに仕事に戻るなどして、一人の時間を確保できるようにしましょう。

いずれにしても、理想は、お昼ご飯を12時に食べるという習慣をなくすことで、集中状態は継続します。

「せめて13時、できれば14時にお昼ご飯を食べる。それまでは、おやつでしのぐ」これだけで、あなたは相当仕事ができる人に生まれ変わることができます。

「難しいなあ。12時になったらお腹が空くし」という方もいるかもしれませんが、実際にやってみてください。

「気がついたら仕事が終わっていた」「1時間前の自分が何をしていたのか思い出せない」……このように、集中状態が継続している自分が、そこにいることがわかるはずです。

午前中は、集中するために大切な時間です。

ならば、午前中の定義ごと、12時までではなく14時までだと延ばしてしまえば、あなたはほかの人よりも、2時間余計に集中できる人になることができるのです。

第3章

目の前のことだけに意識を向ける集中法

①

集中するためには、音がない状態よりも、むしろ、少しザワザワしている場所のほうが適している。

集中できる人は、わざとザワザワしている場所を選ぶ

気が散る人は、静かな場所を選ぶ

無音よりも、わざと「ザワザワ」した場所を選ぶ

1章でも述べた通り、集中にはレベルⅠとⅡの2種類があります。

本章では、デスクワークや勉強するのに適した、「レベルⅠ」の集中に入るためのコツをお伝えしていきましょう。

レベルⅠの集中状態に入りたいとき、多くの人が「静かな場所」を選びます。

「静かなところのほうが、うるさい場所よりは集中できるはずだ」

たしかに、その通りです。

たとえば、デスクワークをしようとしたときに、クラブで音がガンガン鳴っているような場所で集中できないのは、誰しも同じです。

逆に、無音状態でも、あまり集中できないこともあります。

実は、**一番集中できるのは、無音状態ではなく、少しザワザワしているところ**です。

なぜなら、聴覚が、周りの音をかき消した瞬間に、私たちは自然と集中状態に入るからです。

静かすぎると、逆に、落ち着きません。別のことを考えてしまったりして、作業効率が落ちてしまいます。

私は以前、執筆専用の部屋を借りていました。その物件は交差点に建っているマンションの2階でした。**人通りがある場所**を、わざと選んだのです。

交差点ではありますが、車のクラクションはうるさすぎず、消防署の隣でもなく、閑静な住宅街というわけでもない……。

なんともちょうどいいザワザワ感のある場所でした。

そういった場所では、雑音をかき消す瞬間に集中状態に入ることができ、どんどん執筆がはかどりました。

うるさすぎても集中できず、静かすぎても集中には適さないのです（もちろん、うるさすぎるよりは、静かすぎるほうがいいです）。

雑音の目安

× うるさすぎる、集中を妨げる「音」

・ガンガン音楽をかき鳴らしているクラブ
・電車や高速道路などの高架下
・音楽全般。特に、日本語歌詞の歌
・ラジオ

◎適度な雑音

・ＢＧＭが流れる、満席ではないカフェ
・人通りがそれほど多くない建物の中
・満員電車ではない各駅停車の中
・電話がかかってこない会社のフロア

△静かすぎる

・誰もいないオフィスのフロア
・防音設備が施された空間

無音でも、うるさすぎてもダメ。
適度な「ザワザワ」を見つけよう。

「音楽を聴きながら」は、やめる

そういう話をすると、「(仕事をする空間が静かすぎるから) じゃあ、音を出そう」という人が出てきます。

なかでも多いのが、「私は音楽が好きなんです。音楽をかけながら集中はできますか?」というものです。**音楽をかけながらでは、集中できません。**

特に、日本語の歌詞だと、その内容が頭の中に入ってきてしまうので、集中できなくなります。英語や、アラビア語などの聞き取れないものであればいくぶんはマシですが、それでも音楽をかけながら仕事をするのは、オススメできません。

ラジオをかけながら仕事をするというのも、よくありません。会話に気を取られてしまうからです。

同じく、テレビをつけるのもよくありません。好きな女優が出ていたりしたら、それだけで気が散ってしまいます。

できる限り、適度な雑音があるところを探して、集中するための場所にするのです。

人が多すぎないカフェだったり、満員すぎない、各駅停車の電車に座って仕事をするのもいいでしょう。

会社内であれば、なるべくかかってきた電話を取らなくてもいいような場所があれば、そういう場所を見つけて集中するようにしましょう。


雑音をかき消した瞬間に集中状態に入れる。


このことを覚えておくだけで、集中状態に入る方法はわかったも同然です。

わざと、少しだけ雑音があるところに身を置くだけで、あなたは集中状態の自分を手に入れることができるのです。

②

集中できる人は、電車の「連結部分」の隣に座る
気が散る人は、電車の中で音楽を聴く

電車で仕事や勉強をするなら、各駅停車に乗って座る場所を確保しよう。特に、連結部分は、適度な雑音と作業スペースができ、集中しやすい。

特等席は、電車の「連結部分」の隣だ

電車の特等席は、電車の連結部分に一番近い場所です。シルバーシートなどの優先席ではないところを狙って座ります。理由は次の通りです。

- **連結部分だと、ガタンゴトンと適度な雑音が、耳に入りやすい**
- **ドアのそばに比べて、人の出入りが少ない**
- **席をゆずる機会が比較的少ない**
- **出っ張っている部分があれば、本などの資料を置くことができる**

このように、電車に乗るときは、連結部分に一番近いところが、特等席です。

一番、仕事に集中することができます。

急行よりも各駅停車のほうが、空《す》いているので、好都合だと考えましょう。

通勤電車以外の乗り物にも、特等席は存在する

① 新幹線

新幹線は、自由席が特等席です。

「え？　グリーン車じゃないの？」と思うかもしれません。

ですが、グリーン車や指定席は、隣に誰が乗るかわからない上、勝手に移動できません。

子どもが乗ってきたら、騒ぐ場合もあります。いびきがうるさい人が隣に座ってしまったら、まったく仕事に集中できなくなります。

自由席であれば、好きなところに座ることができ、移動も自由です。

美人の隣に座っても、誰も文句は言いませんし（その場合は、逆に、集中できないかもしれませんが）、静かそうな人の隣に座れば、仕事もはかどります。

指定席は、自分の席があるという意味では安心なのですが、隣に誰が座るかがわからないという面では、まったく安心できないのです。

② タクシー

タクシーは、仕事スペースです。

私の場合は、タクシーで下を向いていたら、気持ちが悪くなるかもしれないので、仕事相手と電話をする時間に充てています。

私は、「14時までは、集中がそがれるので、電話には出ない」と決めている代わりに、タクシーの中では、どんどん仕事の電話をします。

タクシーから降りるときに、「すみません！　降りますんで！」と言って電話を切れば、長電話もしなくて済みます。

タクシーの中は、電話をする時間だと決めておけば、仕事がはかどります。

新人時代は、あまりタクシーに乗る機会はないかもしれませんが、タクシーの中で電話を使う場合は、相手に失礼になることもあります。その場合は、自分よりも立場が上の人ではなく、同程度の立場の人への電話にすることがオススメです。

「タクシーの運転手さんの前で、電話の内容を聞かせるのは、失礼なのではないか？」

とブレーキがかかる方もいるかもしれません。

そういう場合は、「すみません。電話をかけさせていただいてもよろしいでしょうか」とひと言断れば、スムーズに事が運びます。

③ 飛行機

飛行機の中は、考え事をするのが一番です。

スマホのような電子機器は使えませんし、本を持って行ったら、重いということもあるかもしれません。

そこで、ノートを取り出して、考え事をしながら、どんどん書き出していくという時間に充てるのです。

飛行機も、雑音があるので、集中には適しています。


以上のように、集中状態を生み出すには、電車に乗ったとき、新幹線に乗ったとき、タクシーに乗ったとき、飛行機に乗ったときで、あらかじめ何をするかを決めておけば、すぐにトップスピードに乗ることができるのです。

乗り物ごとのメリット

電車

・各駅停車に乗ると人が少ない
・連結部分に近い座席がベスト→ちょうどイイ雑音と、荷物スペースを確保できる

新幹線

・自由席に乗る→勝手に移動できる

タクシー

・運転手以外、自分しかいない空間
→仕事相手と電話するのに適している

飛行機

・適度な雑音があり、必ず自分のスペースがある
・あまりモノを持ち込まず、自分の思考の時間に充てる

乗り物によって、環境が違ってくる。
仕事の内容を分けよう。

③

会議など集中をさほど要しない仕事は午後へ。アナタ自身が考えたり手を動かす仕事は午前中へ持ってこよう。

集中できる人は、1日を3分割して考える
気が散る人は、朝から晩まで、同じ仕事をする

集中するために、1日を3分割する

脳は、午前中に一番活性化して、午後、夜にかけて、どんどんと働きが鈍くなっていきます。

ここから逆算して考えると、仕事の内容によって次のように振り分けるのが正解です。

・午前中……一人でする仕事。レベルⅠの集中が必要な仕事
・午後……複数人でする仕事。打ち合わせや会議など。レベルⅡの集中が必要な仕事
・夜……会食、社外の人と会うなど、集中を必要としない事柄

同じ1時間でも、朝10時から11時までの1時間と、22時から23時までの1時間は、集中できる度合いが違います。

自分一人で集中しなければいけない仕事を、なるべく午前中に持ってくることが、一番時間効率がよいということになります。

わかりやすいように、試験前の勉強をするときを例に考えてみましょう。

・午前中……数学
・午後……英語・国語といった語学
・夜……理科・社会の暗記物

これがもっとも効率がいい勉強法です。


朝、一番脳が働いているときに、論理的な数学の勉強をします。数学は、午前中に問題を解くのが、一番回転数が上がります。

午後は、英語・国語です。数学よりは、頭を使いません。

夜は、暗記物が最適です。なぜなら、夜、寝ている間に、短期記憶が長期記憶として、定着するからです。

朝暗記をしても、その日の夜まで覚えているということは、まれだったはずです。

集中する内容別の時間割

	仕事	勉強
AM	一人の仕事 （デスクワーク）	論理的な科目 （数学など）
PM	複数でする仕事 （会議や打ち合わせ）	語学系の科目 （国語、英語などの語学）
夜	会食など	暗記科目 （理科、社会など）

午前中に、一番難しい、一人で行う仕事や勉強をしよう。

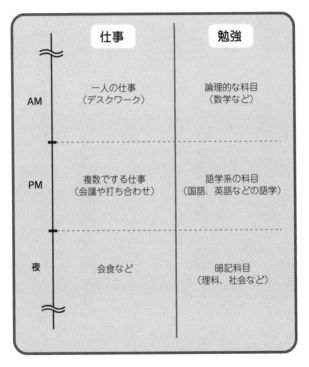

夜に暗記をするのが、同じ暗記をするならば、ベストです。脳はそれほど活性化していなくても、暗記をする作業はできるからです。

勉強も、仕事も、脳の活性度に応じて行うのが、もっとも効率的なのです。

仕事によって、行う時間帯を変える

仕事ができない人は、「重要度順に仕事を終わらせよう」「緊急度順に仕事を終わらせよう」とします。

一見、もっともなことではあるのですが、集中状態（ゾーン）に入れば、１分でできるかもしれないことを、わざわざ**集中できない時間帯に行うことは、非効率極まりない**です。


「これは緊急事項だ。先方に電話をしないと」と思っても、午前中ならばメールに、午後ならば電話をすると決めておいたほうが、全体の作業効率はよくなります。

「これは重要だぞ。午前中にしなければ」と言って、朝から取引先に出かけても、迷惑だと思われて、逆効果かもしれません。

外回りの営業マンの場合は、外に出る前をゾーンタイムにしましょう。

お昼過ぎの外回り中に、レベルⅠの必要な案件が入ってきてしまったら、翌朝に回します。

とはいっても、「その日中に」と言われれば、そこは臨機応変に対応するのができるビジネスマンというものです。

1日をトータルで考えて、何を午前中にするべきか、何を午後にするべきかを考えてから、1日の仕事をスタートさせたほうが、仕事は集中して終わらせることができるのです。

④

「15分単位」で仕事や勉強のスケジューリングをすると、集中状態を作りやすい。

集中できる人は、ゾーンタイムを決めている

気が散る人は、今日は集中できたらいいなあと、偶然に頼る

自分の「ゾーンタイム」をあらかじめ決めておく

前章でもお伝えした通り、集中は、時間帯で決まります。

ゾーンに入る時間は、何時から何時までなのかをあらかじめ決めておいて、その通りに行動するのが一番オススメです。

私の場合は、**ゾーンタイムは、朝10時から14時までの4時間**です。

朝9時から10時までは、ゾーンに入るために、パソコンの前で、ほかの仕事をしています（この「ほかの仕事」が、集中にはキーポイントとなってくるのですが、それはまた5章で後述します）。

こうすることで、「毎日、朝10時から14時までの4時間だけがゾーンタイムだぞ」と、脳に指令を送ることができます。

朝から晩までゾーンに入るというのは、誰もできません。

それだけ集中状態が続いたら、終わった後に、反動でグッタリしてしまいます。

もちろん、「完全燃焼」という言葉もあるように、翌日に響くくらい頑張るのもいいのですが、それでは、仕事ができる人とは言えないのです。

日々ハイパフォーマンスを出して仕事をしなくてはなりません。


そのためには、毎日、時間を決めて、ゾーンに入るようにすると、体になじみます。

今日は午前中がゾーンで、明日は午後がゾーンだぞというのは、ダメです。

毎日、決まって「この時間がゾーンだ」となれば、ゾーンに簡単に入れるようになります。


私は、今となっては、ゾーンタイムの習慣をつけたので、簡単に、4時間もの間、ゾーンに入ることができています。その間中、執筆作業をし続けることができるのです。

もちろん、最初は、ゾーンタイムを4時間とっても、その中の30分しか集中状態に入れないということは、よくありました。

しかしいずれ、15分、30分、1時間、90分と延びていくのです。

集中は「15分の波」を繰り返す

このゾーンの仕組みをうまく利用しているのが、学校や塾、予備校などの時間割です。勉強する場合は、ゾーンになるのは、90分がひと区切りだと考えてください。

とはいえ、90分で集中が途切れてしまっても、トイレに行って戻ったら、すぐにまたゾーンに入れたりします。

集中は、15分ごとの波を繰り返します。

小学校は45分授業のところもありますが、これは、15分の集中の波を3回繰り返したということです。予備校や大学では、90分授業で、15分×6回、集中の波がきたことになります。レベル1の集中の限界は、90分です。

90分経過したら、少しでも休憩したほうが、次のゾーンに入りやすくなります。

予備校だと、午前中に90分授業が2コマ、午後に2コマ、夜に2コマなど、ゾーンタイムを効果的に使えるように設計されています。

「なかなか、ゾーンになんて入れないよ」という方がいますが、そういう方は、**ゾーンタイムを設定していないから、ゾーンに入れない**のです。

「あなたのゾーンタイムは、何時から何時までですか?」と聞かれたら、答えられないわけです。それでは、ゾーンに入ることはできません。

朝6時から8時までをゾーンタイムとしてもいいですし、朝9時から11時までをゾーンタイムに設定してもいいのです。

そうすれば、「この時間内に○○をしなければ」となるので、気持ちが高揚し、身体が動くようになります。

まず、ゾーンタイムを設定してください。

慣れてきたら、時間を延ばし長時間、集中状態を保てるようになるのです。

集中の「波」を意識して仕事をしよう

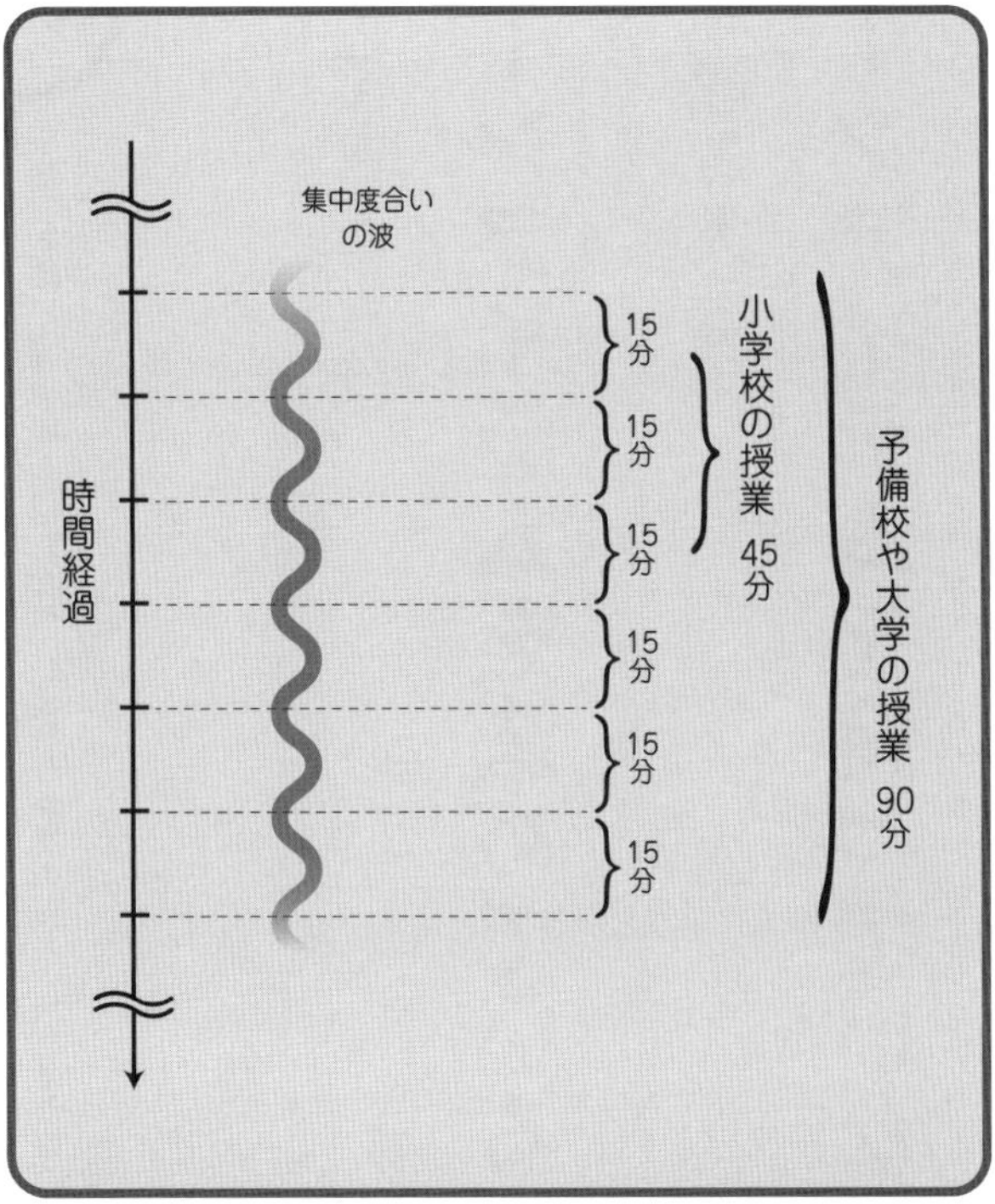

集中は「15分」の波があるため、それを意識したスケジュールを立てよう。

5

集中できる人は、ゾーンアイテムを決めている 気が散る人は、ゾーンアイテムを持っていない

自分なりに集中するための「三種の神器」を決めておく。
たとえば、「コーヒー」「せんべい」「PCメガネ」といったように。

ゾーンアイテムを決めると、集中できる

ゾーンに入るときには、ゾーンアイテムが必要です。

必殺技を出すときに武器が必要なのと同じで、ゾーンアイテムを持っていたら、すぐにゾーンに入れます。私のゾーンアイテムは、次の3つです。

①コーヒー（カフェオレ。砂糖なし）
②せんべい（カタ焼き）
③PCメガネ（度なし）

私は、この3つのものを、**集中するための「三種の神器」**と呼んでいます。

「これを飲めば集中できるぞ」という飲み物を、「これを食べれば集中できるぞ」という食べ物を、そして最後に、「これを身につけているときは集中できるぞ」というグッズをそれぞれ1つずつ決めるのです。

① コーヒー

コーヒーは、砂糖は入れません。「コーヒーフレッシュ」を半分〜2つほど入れています。また、特にこだわりはないのですが、アイスではなく、ホットを飲みます。

「ブラックコーヒーではないのですか?」という方もいるでしょう。実を言うと、私の場合は、ブラックコーヒーはもともと苦くて飲めないというだけです。

4時間のうちに、2〜8杯くらいは飲みます。飲みすぎではないか? と自分でも心配になりますが、ゾーンアイテムなので仕方がありません。

② せんべい

せんべいは、やわらかいものではなく、カタいものがベストです。噛むことで、満腹中枢が刺激され、脳が活性化するというのと、カタいほうがお腹がふくれるということが理由です。

以前、主催した執筆合宿のときに、午前中にもかかわらず、ほとんど文章が書けない

石井貴士オススメの「三種の神器」

集中できる「飲み物」

コーヒー
・カフェオレがいい
・砂糖は入れない
・４時間のうちに、２～８杯は飲む

集中できる「食べ物」

せんべい
・歯ごたえのある「カタ焼き」がオススメ
・カタいほうがお腹がふくれる

集中できる「装具」

ＰＣメガネ
・ブルーライトをカットすると、
集中時間が延びる

**アナタなりの「三種の神器」を
見つけよう！**

日があり、なぜか、気が散っていたことがあります。

「石井先生、カフェオレとせんべいがないからでは？」と生徒から言われ、あわててコンビニに買いに行ったところ、その後すぐにゾーンに入ることができました。

③ PCメガネ

パソコン仕事では、PCメガネがあるだけで集中状態が延びます。PCメガネは、パソコンなどの画面から発生するブルーライトをカットし、目の疲れを低減させることができる優れモノです。

数年前までは、頑張っても90分くらいしか集中できなかったのですが、PCメガネを使い始めたところ、集中状態が4時間まで継続するようになりました。

なくしたらゾーンタイムに入れないので、家に3つ、常に置いてあります。

PCメガネのもう1つの利点は、「（かけているときは）私はスーパーマンだぞ」と自分に言い聞かせることができる点です。

仮面ライダーがベルトという変身アイテムを使って、変身するのと同じように、私も

PCメガネをかけることによって、ゾーンに入れる超人に変身できるのです。

ゾーンアイテムは人それぞれですが、1つだけ例外があります。タバコです。

中毒性があるためというのはもちろん、タバコを吸ってからでないと仕事に取りかかれなくなるからです。

タバコは、集中がそがれるアイテムなので、やめるに越したことはありません。

ゾーンアイテムを持っていないことは、「仮面ライダーですが、ベルトを持っていません」「水戸黄門ですが、印籠を持っていません」というのと同じです。

あなたがゾーンに入ろうと決意したら、ゾーンアイテムは必ず決めて、持っていなければいけないのです。

「手もとになければゾーンに入れない」というアイテムを今すぐに決めましょう。

⑥

青色は冷静になり、集中状態に入るために、効果的な色である。

集中できる人は、青いボールペンを使っている
気が散る人は、黒いボールペンを使っている

色彩心理学を利用すれば、集中できる

青・緑は「寒色《かんしょく》」と呼ばれ、色彩効果の面から、見るだけで落ち着く色と考えられています。休息やリラックス状態で優位になる「副交感神経」に作用して、集中状態に入りやすくなります。

対して、赤・オレンジは「暖色《だんしょく》」と呼ばれ、緊張状態や興奮時に優位になる「交感神経」へ作用して、集中が保てなくなります。詳しく見ていきましょう。

① 暖色（赤）の効果

「赤ちょうちん」が、居酒屋にかかっているのを見たことはありませんか。

お客さんは赤いちょうちんを見ると、冷静さが保てなくなり、さらには酔っぱらった勢いもあって、「もう一杯っ！」と注文してしまいます。

ラーメン屋さんも、青いテーブルを置いているところはありません。赤いテーブルや、赤を基調とした作りになっています。赤にすることで、よく考えずに高いものを注文し

てしまうというわけです。

中華料理店も、赤がベースになっているお店が多いです。飲食店側からすれば、赤・オレンジだと売上が上がるというわけです。

武田信玄は、自分たちの軍が赤い鎧を着ることで、相手に恐怖を与えました。諸説ありますが、赤が血を連想させ、敵の軍に、平静さを保てなくするためです。

② 寒色（青）の効果

スコットランドなどの犯罪が多い地域では、青い街灯にしただけで、犯罪が激減したという例もあります。青い街灯に照らされることで「悪いことをするのはよくないことだぞ」と冷静になり、犯罪を起こそうという気もなくなるそうです。

最近は、陸上競技場でも、茶色いトラックではなく、青いトラックが採用されています。地面の色を青にすることで集中でき、好タイムが出ることがわかったからです。

このように、集中するときには「青（寒色）」が効果的なのです。

「集中」するのに欠かせない！ 色彩効果

青色（寒色系）

・副交感神経に作用し、見るだけで落ち着く
・スポーツ競技のシーンで使われることがある
　例　陸上競技場のトラックなど

赤色（暖色系）

・交感神経に作用して、身体が興奮する
・冷静になれなくなる
・飲食店などで使われることが多い

黒色

・集中できない色
　例　野球などで守備陣のグローブが黒色であることが多い。バッターは目がチカチカして集中をそがれてしまう

色の効果をよく理解して、
うまく利用していこう。

集中するときは、「青色」を使う

私のオススメは、集中したいときに**0・7ミリの青いフリクションボールペン**でモノを書くことです。芯も、0・5ミリではなく、0・7ミリを使います。太さが1・4倍になるので、自然と集中しやすくなるのです。青いペンを見るだけでも、集中状態が高まります。

また、フリクションボールペンであれば、間違えたときに修正液などを使う必要がありません。

青いボールペンは、100円ちょっとで、誰でも集中状態に入りやすくなる**費用対効果抜群の集中アイテム**なのです。

とはいっても、黒いボールペンを使って書類を書いているビジネスマンはまだまだ多くいますが、最近では、ビジネス文書に関しては、「黒・または青で書くこと」という認識が広まっています。役所の書類も、青でも許可されるようになってきた時代です。

今は、青いボールペンを使ってもいい風潮なわけですから、新人時代から、青いボールペンを使い慣れておくに越したことはないのです。


また、**黒は、集中状態を下げてしまう色**です。

たとえば、野球を例にとると、ピッチャーのグローブは黒がいいのです。なぜかというと、黒いグローブは、周りの背景と同化してしまい、バッターは目がチカチカして集中できなくなり、ピッチャーのボールの握りが見えなくなってしまいます。

一方、キャッチャーミットが青色だと、投手は集中できると言われています。青を見るだけで、ピッチャーが落ち着くからです。中日ドラゴンズのキャッチャーだった谷繁《たにしげ》元信《もとのぶ》捕手も青いミットを使っていました。

キャッチャーは、ピッチャーの集中状態を高めるために青いミットを使う。

ピッチャーは、変化球の握りを隠し、バッターの集中状態をそぐために、黒いグローブを使うのが正解なのです。

第4章

複数の人との仕事における集中法

①

同時並行で、周りのことにも注意しながら集中する、「全方位型集中（レベルII）」を利用すると、会議もスムーズになる。

集中できる人は、
会議のときにはすべてのものを視界に入れている

気が散る人は、
会議のときに資料しか目に入らない

レベルⅡの集中で、相手の真の意図をくみ取る

前章では、デスクワークなどのレベルⅠの集中を見てきました。

本章では、日々の会話や会議などのコミュニケーションで使われる「レベルⅡ」の集中についてお伝えしていきましょう。


会議のときに、ずっと資料を見ている人がいます。

こういう人は、活字で書いてあることは目に入りますが、活字で書いていないものを見落としてしまいます。

どれだけ素晴らしい資料があっても、ボツになるものはボツになります。

企画会議などで、資料がまったくなくても、「これは素晴らしいと思います！」と言って、通過する企画もあります。

資料は、あくまで参考資料であり、答えではありません。

大切なことは、レベルⅡの集中を使って、発言者が語っていることの「真意」を読み取ることです。

「この案件はやめておいたほうがいいと思います」と口で言っておいて、「実はやりたかったんだよね」ということもあります。

「この案件は断固として、やり抜くべきです」と言っているのに、「誰がやるもんか。あんな案件！」と心の中で思っていることもあるのです。

あなたがくみ取るべきは、発言の内容ではなく、発言の真意です。

「本当は、何が言いたいのか？」を読み取ることが、大切なのです。

日常生活でも使える「レベルⅡ」の集中

恋愛でも、「大好き！」と言っていたら、実はさっきまで浮気をしていたことを隠すために言っているのかもしれません。

反対に、「大嫌い！　もう別れてやる！」と言っている女性ほど、絶対に別れたくないと思っています。

複数の人との仕事は、レベルⅡの集中を使う

	×レベルⅠ	◎レベルⅡ
会議	ずっと資料を見ている（下を向いている）	発言者を含め、全体を見ている
恋愛	「大好き」「大嫌い」と言われたら真に受ける	「大嫌い」と言われても、そうではないかもしれないと考える
夫婦間	「離婚だ」と言われたら、離婚届を準備する	「離婚だ」とお互い言っても、なんだかんだ仲直りする
社内	「会社をやめる」という人がいたら、辞表提出を手伝おうとする	「ホントはずっと会社にいたいんだろうな」と受け取る

コミュニケーションにおいては、相手の真意をくみ取ることに心血を注ごう。

夫婦間でも「離婚だ！　離婚だ！」と言っている夫婦に限って、ケンカ自体がコミュニケーションになっていて、いつまでも離婚しません。

あなたの会社で、「こんな会社、絶対にやめてやる！」と言いながら、10年、20年と居座っている人は、多いはずです。

「じゃあ、代わりに辞表を提出しておいてあげましょうか？」と言おうものなら、「何をするんだ！　やめてくれ！」と言われるはずです。

レベルⅡの集中が苦手な人は、「この人は会社をやめる人なんだな」と真に受けてしまいます。

一方、レベルⅡの集中でコミュニケーションできる人は、「会社をやめたいと言っているが、なんだかんだ言って、ずっと会社にいたい人なんだな」と真意をくみ取れるのです。

相手の言葉を額面通りに受け取ってはいけません。

ビジネスシーンで会話をしているときに、相手が相づちを打ちつつも、腕時計をチラチラ見ていたりしたら、「あ、早く帰りたいんだな」「この後何か予定があるんだな」と察し、早めに切り上げるなど気を遣うようにしましょう。

相手が本当に欲していることや、伝えたいことを、あなたが読み取り、臨機応変に対応できれば、「仕事ができる人だ」「この人は仕事を任せられる」と、信頼されるようになります。

ビジネスシーンで、

「口ではこう言っているけれども、真意は違うんだろうな」
「今回は、口でもＹＥＳで、本心もＹＥＳなんだな」

と、全方位集中であるレベルⅡの集中を使って、相手の表情や立ち居振る舞いを観察することが、大切なのです。

②

仕事でもプライベートでも、他者とよい関係を築ける人ほど、「レベルⅡの集中」をうまく使っている。

集中できる人は、心を通わせようとする

気が散る人は、言葉だけで会話する

「レベルⅡの集中」で、相手の感情を探り当てる

ビジネスの席上、特に交渉事などにおいて、相手の言葉を真に受けたら、仕事ができない人だと思われます。

たとえば、あなたが売りたい商品に対して、「素晴らしい商品ですね」と相手から言われたら、どう感じるでしょうか。

前述した通り、レベルⅡの集中で考えると次の2パターンが考えられます。

①素晴らしい商品だと言ってくれている→契約してくれるんだな
②素晴らしい商品だとうわべだけをほめている→契約しないということだな

おそらくは、たいていの場合、②の「契約しない」ケースが多いはずです。

相手に契約の意思がないと読み取ることができれば、〝プランB〟へ移ることができます。プランBでは、ほかの商品を提案したり、オマケを見せたりします。

たとえば、「今ご契約いただくと、○○のオプションがついてきます」「これを買うと、3年から5年補償になります」といった提案です。

また、売り込むことはいったんやめて、「それでは、どんな商品を望んでいるか」をヒアリングすることもできます。

レベルⅡの集中でコミュニケーションができる人は、このように、次のビジネスチャンスを生むことができるのです。

これはビジネスに限ったことではありません。

恋愛のシーンはさらに複雑です。

たとえば、あなたが異性に告白して、「嫌いじゃないんだけど」と言われた場合は、どうでしょうか。**無数の選択肢があるのが、人の心です。**

恋愛が難しいのは、その数ある選択肢の中から、相手の感情はどれなのかを探り当て、よりベターな正解を導き出さなければいけないからです。

恋愛が得意な人は、なんとなく選んだものが正解になるのですが、恋愛が苦手な人は、選択する行動すべてを間違ってしまいます。

恋愛はレベルⅡの集中を使う

A
今は仕事が忙しくて、誰かとつき合う気にはなれないな

B
正直言うと……この人のこと、あんまり好きじゃないんだよな

C
もっとロマンチックに告白してくれたらＯＫなんだけど、普通に告白されるならＮＧだ

D
今はつき合う気はないけど、今の彼氏と別れたら、つき合いたい

E
なんとなく、今はお腹が空いているから、嫌だな

F
今日じゃなくて、先週だったらＯＫだったんだけどな

G
クリスマス前だったらＯＫしたけど、今は切羽詰まっているわけではないから、ＮＧかな

H
『結婚してくれ』だったらＯＫだけど、つき合うっていうのはＮＧかな

恋愛では無数の選択肢が生まれる！

一例を挙げると、「女性は、花束をプレゼントされたら、喜ぶはずだ」というのは、イケメン芸能人であれば、正解です。ですが、ストーカーが花束を持って現れたら、警察に通報されます。

自分が大嫌いな上司に、いきなり抱きつかれたら「セクハラだ」と訴えたくもなりますが、憧れの先輩が抱きついてきたら「うれしい！（ドキッ！）」となるわけです。

行動が同じでも、行動する人によって正解が変わります。

レベルⅡの集中を意識すれば、こういったことを察知できるようになるのです。

レベルⅡの集中で相手の話を聞く

取引先でも、「素晴らしいですね」と言いながら、表情が曇っている場合もあります。

「表情が暗い。これはダメなのかもしれない」と思っていたら、たまたま花粉症で調子が悪かっただけの場合もあります。

「契約は解除します」と通告してきても、100%ダメになったと決まったわけではありません。

「最近、御社からの連絡がなくてさみしい。放ったらかしにされている」とさみしがっているだけで、もっと連絡をくれるのであれば、契約を続行してもいいということもあります。

「商品の内容は素晴らしいはずだ。なのに買ってくれないのはおかしい」という場合もあります。

もしかしたら、他社のものと比較検討中なのかもしれませんし、今月は予算がとれないけれども、来月ならば買うと考えているのかもしれません。

レベルⅡの集中を使えば、よりよいコミュニケーションを築けるのです。

③

役割分担された場にいるときは、自分に求められていることを一生懸命考えて発言しよう。

集中できる人は、
自分の役割に徹する

気が散る人は、
思いつきで、すべてのことに口を出そうとする

「何を求められているか」を意識する

チームでプレイをするときには、自分の役割に徹することが大切です。

たとえば、あなたが経理部所属で、予算会議などに呼ばれた場合は、「○○の案件には、どの程度の予算枠を設けられるか？」というアドバイスを求められています。

それを理解せずに、「そのアイデアは、こうしたほうがいいと思います」と意見を言うと、「**専門外のお前が言うな**」と思われてしまいます。

もちろん、会社のためによかれと思って言っている気持ちは、わかります。ですが、企画部には企画部の役割があり、宣伝部には宣伝部の役割があるのです。

コピーライターとして修業を積んでいる人が考えたコピーよりも、素人が考えたコピーのほうが優れているケースも存在するでしょう。それでも、コピーライターの考えに口をはさむと、相手からはよく思われません。

あなたが経理部だとして、「俺が経理部だったら、もっと予算をとれるね」と言われたら、「専門外の人が、何を言うんだ」と思うはずです。

会議で自分が呼ばれている場合は、**「何を求められているのか？」**に考えを集中させて、出席することが重要なのです。

新人時代は「間違った意見」でもいいと考える

新人が会議に出席する場合は、素晴らしい意見は求められていません。

新人ならではの、業界の常識に捉われない意見が求められています。

とはいえ、あまりに常識ハズれの意見を言うと、怒られる場合もあります。ですが、それは、新人を呼んだ上司が怒られるべきであって、あなたが怒られたとしても、平然としていればいいだけの話です。

私自身、テレビ局のアナウンサーとして入社した当時、テレビのニュースはおかしいと思うことだらけでした。

「石井はどう思うんだ？」と聞かれ、正直な意見を言ったら、怒られてばかりでした。

たとえば、「他局が、事件・事故のニュースばかりを報道するわけですから、聞いていて気分が悪くなるニュースは、一切報道しなければいいと思うんです。いいことだけを伝えるニュース番組にしたら、差別化が図れると思います」といったような内容です。

これは、少し極端な例ではありますが、もしあなたが意見を求められたら、怒られるような意見を言うのが仕事です。

100回、怒られるような意見を言って、1つだけでも大ブレイクするような意見があれば、それでいいと考えましょう。

どんどん間違うことができるのが、新人時代の特権なのです。

④

完成されたアイデアを出すのではなく、まずは数を出す。そうすると、そこからよいものが派生的に生まれてくる。

集中できる人は、不完全な意見を、数多く出す

気が散る人は、完ぺきな意見以外は言わないようにしている

アイデアを数多く出すことに集中する

ブレインストーミングなどの会議でアイデアを求められて、最初から完ぺきな意見を出そうとする人がいます。

「間違ってはいけない。いいところだけを見せよう」と頑張って、結局意見が出ないいま、時間が経過してしまう——、そんなケースもあります。

アイデアは、最初に、数多く出すことが大切です。

むしろ、明らかに採用されないアイデアを、最初に出し切ることが、新人の仕事です。ダメなアイデアを出すことで、周囲の人は「それなら、このアイデアのほうがマシだぞ」と、発言しやすくなります。

アイデアは、最初からウンウンうなっていても、いいものは出ません。

どうでもいいアイデアを10、20と出していくことで、そこからアイデアが派生したり、緊張がほぐれたりして、100個目くらいのアイデアでやっと納得のいくものが出るわけです。

上司や先輩に、間違う役割をさせるのではなく、新人が、間違ったアイデアを出す役割を担うのです。

「そんなアイデアじゃダメだ。このほうがいいぞ」と、上司や先輩にツッコミを入れてもらえるよう、パスを回すのが新人の仕事です。

「あまりに変なことばかりを言うと、ダメな新人だと思われるのではないか」と思うかもしれません。

ですが、「変なことばかり言う、ダメな新人だ」という評価は、表面的なことしか見ることができないダメ上司です。

「こいつは、率先して、わけがわからないアイデアを出しているな。見込みがあるヤツだ」と見抜いてくれるいい上司も、必ずいるのです。

どんどん間違っても許されるのが、新人時代です。

とはいっても、入社2年目以降で、あまりにも間違ったことばかり言っていると、

完ぺきでなくてもいいから多くの意見を出す

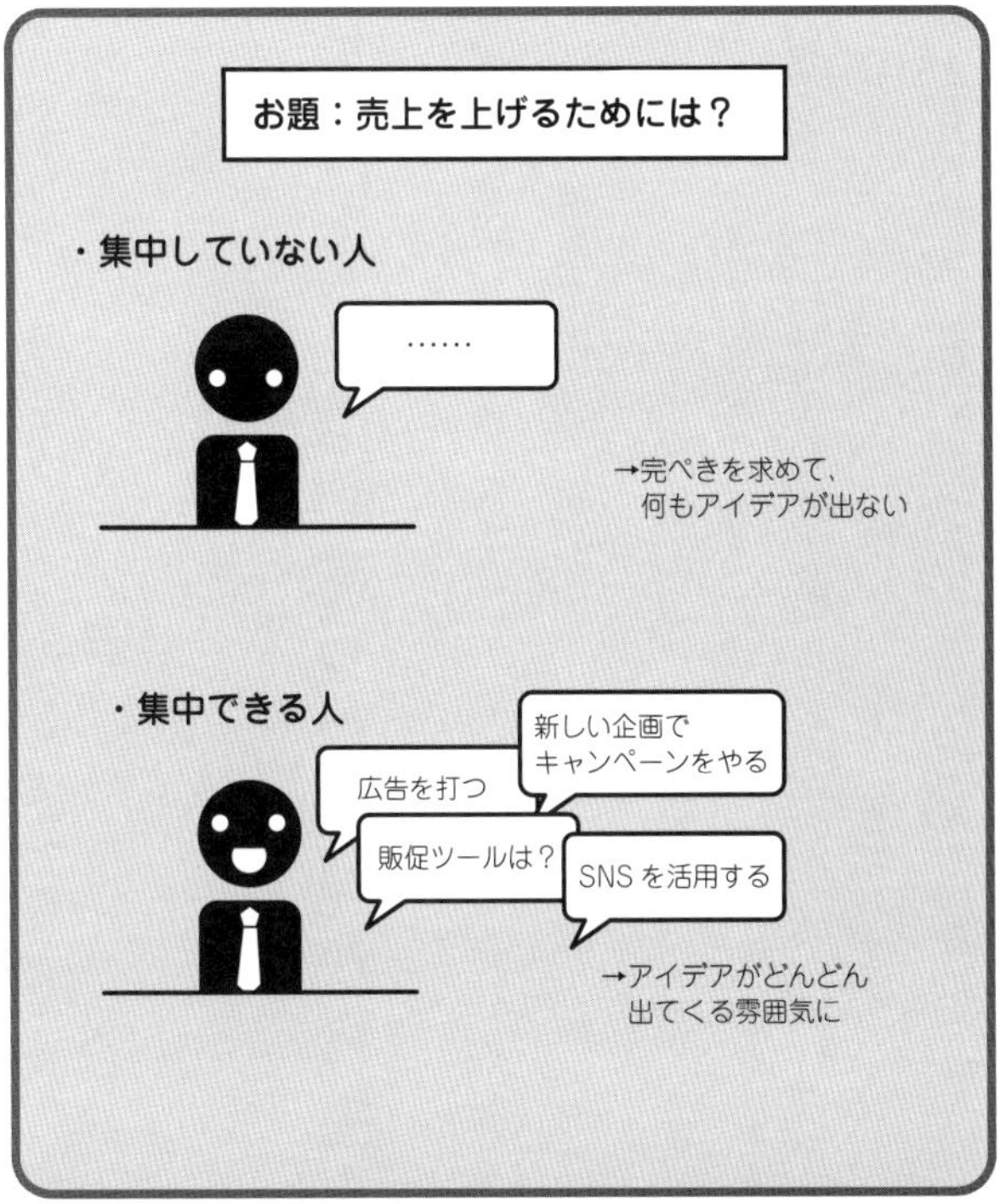

とにかくアイデアを出せば、意見がどんどん出てくる雰囲気になる。

「あいつはダメなヤツだ」と烙印を押される危険性がありますので気をつけてください。

会議での新人の役割は、未熟なアイデアをどんどん出すことです。

未熟なアイデアを土台にして、ほかの人がいいアイデアに変えてくれることもあります。

素晴らしい考えは間違った意見から生まれる

いきなり最高のアイデアが出てくるということは、まずありません。

最初にくだらない意見を出し続けると、

「それなら、こんなのもありなのではないか？」

「いや、それならば、このほうがマシだ」

などと、「アイデアをどんどん言ってもいいんだな」という空気ができあがります。

この空気を作るのが、新人の仕事です。

最高のアイデアを出すのではなく、先輩や上司に、いいアイデアを思いつかせてあげるのです。

名探偵コナンが、探偵の毛利小五郎に、気づいてもらおうと、盛んにヒントを出していくシーンがありますが、あなたの役割も同じです。

新人は、手柄を狙うのではなく、上司や先輩に、手柄を立ててもらうのが仕事です。ロングシュートを決めるのではなく、パスを出し続けるのが、新人の役割なのです。

第5章

毎日集中するための「習慣」

①

仕事の時間をとられてしまったとしても、「やることリスト」を書くことで、1日の成果物の量が違ってくる。

集中できる人は、やることリストを書いてから、仕事に取りかかる

気が散る人は、いきなり仕事に取りかかる

やることリストがあれば、多くの仕事をこなせる

朝、会社に来て、いきなり仕事に取りかかる人がいます。

こういう人は、行き当たりばったりで仕事をしているので、仕事が途切れた瞬間に、集中も途切れます。

そうならないためにも、朝、会社に来て最初に行うことは、やることリストを書くことです。

その日に何をするのかを書いてから、仕事に取りかかりましょう。

何をするのかという全体像があって、その中で、今自分は何をしているのかを客観的に把握するのです。

多くの人は、「やることリストを作らなくても、頭の中で覚えているんだからいいじゃないか」と思っています。

そうすると、「ほかにも、こういうこともしなければいけない」と、余計なことを考

えながら、仕事をすることになります。

余計なことを考えないようにするためには、目の前の仕事以外の項目は紙に書いて、いったん忘れましょう。

ちなみに、私が使っているやることリストでは、「自分の成長（勉強や読書など）」「仕事」「人生を楽しむ」「雑用」の4つに分けて、毎日記入しています。

やることリストを紙に書けば、目の前の仕事だけに集中して、それが終わって紙を見直せば、次にやることがわかります。

とても簡単なことなのですが、つい、「やることリストを書いている時間があったら、いきなり仕事をしたほうが速いのではないか」と思ってしまい、仕事に取りかかってしまいます。

そんな場合でも、一度中断して、やることリストの作成に戻ります。

たしかに、集中状態が途切れてしまうかもしれません。

ですが、1日の全体を通してみたら、この作業があるだけで、1日の間に、結局は多くの作業をこなすことができます。

常に携帯して、終わったらゴミ箱に捨てる

やることリストを作ったら、常に持ち歩くことが大切です。

机の上でのデスクワークのときには、机の上に置いておき、外出するときは、やることリストを持って、外出します。

そうすることで、常に何をするべきかを忘れずに、1日を送ることができます。

「持ち歩く」のは、会社から帰るときも、です。家に帰る途中でも、家に帰ってからでもいいので、すべて達成できていれば、ゴミ箱に捨てます。

もし、明日以降にやり残したことがあったとしたら、やり残したことを明日のやることリストに書き写して、今日のものを捨てるのです。

「ゴミ箱に捨てる」という作業は、とても大切です。

「今日の仕事は終わったぞ。やり切ったぞ」という達成感が味わえるからです。

儀式のように、やることリストをゴミ箱に捨てる習慣を身につけましょう。そのため、スマホのメモ帳アプリなど、記録が残るデジタルなものはオススメできません。

「せっかく書いたやることリストだ。ずっと取っておこう」と思って取っておくと、気持ちの切り替えができず、達成感も得られません。

過去に引きずられるのではなく、**今日やったことは、その日のうちにゴミ箱に捨てて、新しい明日へと切り替える**のです。

翌日また、何も書かれていないところに、新しいやることリストを書くことになります。可能なら、朝、出社をしてくる間に、やることリストを書いてしまうことが、ベストです。

通勤電車の中で、やることリストが書けたら、会社に着いて、机に座ってすぐに仕事を始められます。

満員電車で通勤している方は、出社してすぐに、やることリストの作成をすれば、まったく問題はありません。

「やることリストを作成しない日」をゼロにしていくのが、新人時代に身につけておくべき習慣です。

集中するためには、やることリストを持ち歩くのが、ベストなのです。

「やることリスト」の作成手順と効果

① その日にやることを書き出す→「見える化」する

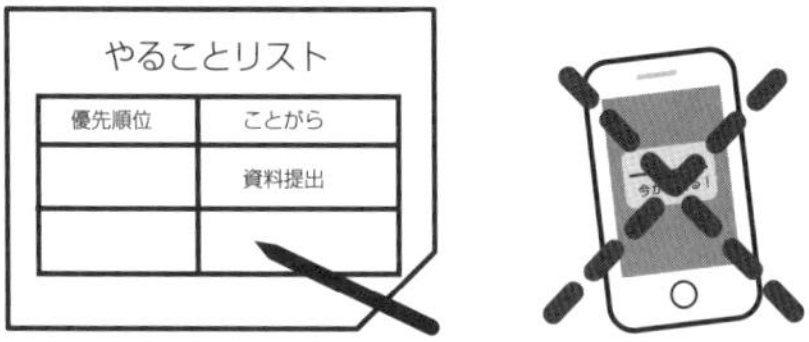

② 肌身離さず持っておく

・デスクワークのときは机の上　　・外出、帰宅時は携帯する

③ その日の終わりに「ゴミ箱」へ

・達成できていればゴミ箱へ。
　やり残したものは明日のリストに書き写す

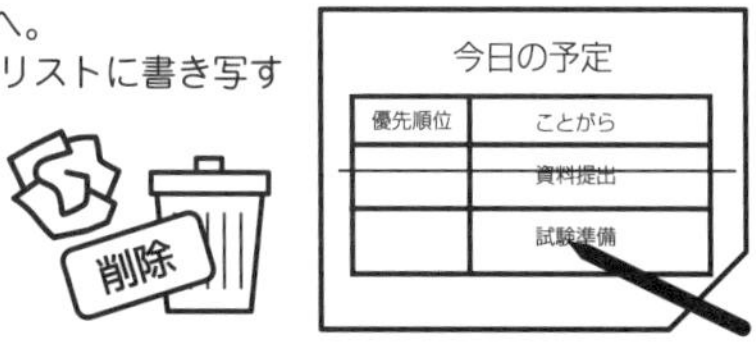

やることリストを作り、持ち歩くことで、集中しやすくなる！

②

仕事を見える形にすることで、仕事の効率が上がる。

集中できる人は、リストに書き出したこと以外は、しない

気が散る人は、その場その場で、どの仕事をするか考える

やらないことも見えてくる

やることを紙に書き出すことで、目に見える状態にできます。そして、リストを1つひとつ棒線で消していくのが仕事だと考えましょう。

やることリストに書かれていることはやるが、書かれていないことは「やらない」と決めるわけです。もし、突発的にやることができたら、やることリストに書き足してから、その仕事をこなします。

こう決めておくことで、あなたの1日は、次の2つの時間が存在することになります。

①やることリストに書かれたことをこなしている時間
②やることリストに書かれていないことをしている時間

②の時間は、お昼ご飯につき合わされる時間だったり、上司から小言を受けている時間だったりするかもしれません。

①の時間を最大化し、②の時間を最小化することができれば、あなたは集中して仕事をこなすことができるのです。

やることリストは、上司と共有する

新人時代は、やることリストを書いて、それを上司に見せると、とても可愛がられます。

自分なりの優先順位と、上司があなたに求めている優先順位が違ったら、あなたの評価は下がります。

逆に言えば、**上司の優先順位通りに、あなたが仕事を最速でこなしていたら、あなたは仕事ができる人間だと思われて、どんどん出世をしていきます。**

「見て盗め」という上司が多く存在するためか、「上司が何を求めているのか、肌で感じ取るべきだ。上司に直接聞いてはならない」と思っている方もいるかもしれません。

しかし、実際には、やることリストを上司に見せれば見せるほど、あなたの評価は上がります。

「やることリスト」を上司と共有する

① やることリストを作る

→「やらないこと」も見えてくる

② 優先順位をつけてみる

・優先順位のつけ方は 134 ページ参照

③ 上司へやることリストを見せる

・優先順位が間違っていたら→上司と一緒に修正する

◎共有するとこんなメリットも……！

・優先順位が上司と一緒だったら評価が上がる
・たとえ仕事が遅かったとしてもフォローしてもらえたりする
・やることリスト通りに仕事をこなせれば、可愛がられる

◎やることリストを共有しないと……

→どんなに仕事ができても、評価してもらえない！

新人のときに「やることリスト」を作り、上司に見せる習慣を身につけておこう！

・できる社員……上司の優先順位と、あなたの優先順位が一致している
・できない社員……上司の優先順位と、あなたの優先順位が違う

新人時代は、上司にやることリストを見てもらい、その通りにこなしたほうが、上司から可愛がられるのです。

入社して最初の段階で、やることリストを見せる習慣ができたら、その場その瞬間で、上司が自分に何を求めているのかが、わかります。

利益を上げてほしいと思っているのか、クライアントサポートに徹してほしいのか……などが理解できるはずです。

「今は、新規客を追い求めるべきではない。既存客へのフォローが一番大切なんだ」という時期に、新規客から売上を取ってきたら、いいことをしているはずなのに、「そうじゃないんだ」と怒られる場合もあります。

「○○さんに会ってこい」と上司に言われ、「何のために」かを共有しないまま、ただ会いに行っては、時間のムダです。

上司が「そうじゃないんだよなあ」と首をひねるだけでしょう。

会社は、組織で動いています。

新入社員のときに必要なのは、ストレートに言うと、組織における優秀な「コマ」になることです。

「私は、コマになんかなりたくない。社員は部品じゃないんだ」と思いたい気持ちもわかります。ですが、上司からしたら、「まず、優秀な部品になってから、モノを言え」という気持ちでいっぱいです。

あなたの行動が素晴らしいかどうかは、上司が判断します。

「上司の性格が悪いんです。嫌いなんです」という方もいるかもしれませんが、まず、相手が何を求めているのかを知りましょう。

そうすれば、「ここさえクリアすれば、上司は文句は言わないんだな」ということがわかります。

毎日のやることリストを提出すれば、苦手な上司から言われる文句も、激減するのです。

③

仕事でも勉強でも、今日の2大目標を決める。

集中できる人は、その日の「2大目標」を決める
気が散る人は、その日の目標を「1つだけ」か「3つ以上」決める

今日やることを2つだけに絞る

毎日、やることを最速で終えるためには、2大目標を立てることが大切です。

「今日は、これだけをすればいい」という1つだけの目標は、ダメです。

「今日の大切なことは、3つ以上あるぞ」という3つ以上をクリア目標に掲げるのも、オススメできません。

1日に2つだけの目標を立てることを、「ツーインワンメソッド」と私は呼んでいます。

わかりすく説明するために、日々の勉強の場合を考えてみましょう。

今日は、英語と数学をやろうと、2つだけ目標を立てます。

英語をやっていると、飽きてきます。そのときに、数学が待っています。数学問題を解いていると、嫌になって逃げたくなります。

逃げたくなったら、逃げ場として、英語が用意されているという状態を作るのです。

そうすると、1日が終わったときには、知らない間に、英語と数学だけを勉強していた状態ができあがります。

もし、「今日は英語だけ勉強をするぞ」と決めていて、もしも飽きてしまったら勉強自体しなくなります。ゲームをしようかな、遊びに行こうかな、テレビを観ようかな、と、勉強以外のことに逃げてしまうのではないでしょうか。

日々の勉強においては、1日3教科以上行うのも、よくありません。

今日は、「英語・古文・社会をやるぞ」という場合は、英語が飽きたときに、古文をしようか、社会に手をつけるべきかで、迷う時間が1秒以上は生じます。

前述した通り、勉強している時間よりも、何を勉強するかで迷っている時間が、一番もったいないのです。

「古文は、偏差値30で、社会は、偏差値60だ。苦手教科の古文をするべきかもしれない。でも、志望校は社会の配点が高いしなあ」と、余計なことを考えてしまうわけです。

結局、どちらにするか迷っているうちに、「数学のほうがいいかも」となってしまう可能性も否定できません。

「勉強の場合は、1日に取り組む教科は2教科に決める」

これを守ることで、1日の勉強効率は、最大化されるのです。

まったく異なる2つの仕事をする

仕事に関しても、2大目標を作ることが大切です。

できれば、この2つは、**かけ離れているのがベスト**です。

1つがレベルⅠの集中を使い、もう1つはレベルⅡの集中を使う目標だとバランスがいいでしょう。

たとえば、1つは個人の仕事で、もう1つがチームの仕事になっていれば、気分転換も図れます。ほかには、次のような組み合わせが考えられます。

- **外回りをする ↕ 企画書を作成する**
- **資料をまとめる ↕ 三人のお客様に電話をする**

もちろん、2つとも個人の仕事でもいいですし、チームの仕事でも大丈夫です。

「2大目標がクリアされたら、その日はいい1日だ」
「2大目標のうちの1つだけでもクリアできたら、まあまあの1日だ」
「1つもクリアできなかったら、ダメな1日だったな」

こうやって振り返る習慣をつけると、目の前の仕事に集中できるようになります。

やることリストなのですから、5個になるときもあれば、10個書き出す日もあるでしょう。

そんな中、あえて優先順位の上位2つを決めましょう。

その2つが達成されたら、その日は、自分で自分をほめてあげる習慣をつけることで、集中状態も最大化されて、毎日のように上位2つがこなせるようになっていくのです。

2大目標の設定例

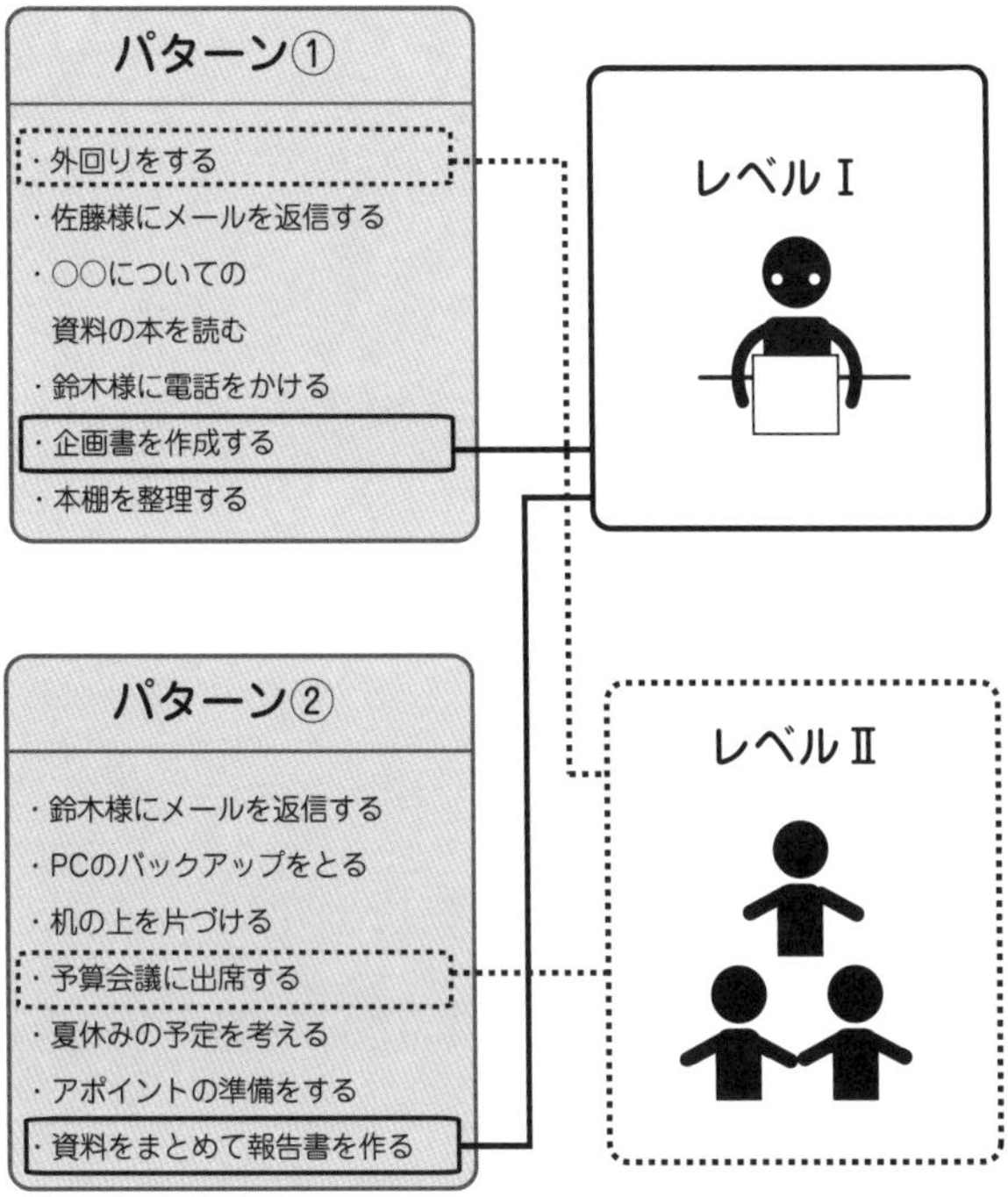
パターン①
・外回りをする
・佐藤様にメールを返信する
・○○についての
資料の本を読む
・鈴木様に電話をかける
・企画書を作成する
・本棚を整理する
パターン②
・鈴木様にメールを返信する
・PCのバックアップをとる
・机の上を片づける
・予算会議に出席する
・夏休みの予定を考える
・アポイントの準備をする
・資料をまとめて報告書を作る
レベルⅠ
レベルⅡ

まったくタイプの異なる2つの仕事を2大目標にしよう。

④

やることは、重要度順ではなく、単純に着工順位にする。

集中できる人は、
着工順位順に、番号を振っている

気が散る人は、
思いついたことから、手をつける

今日「やること」に順番を決める

やることリストを書いたら、やる順番に、番号をつけていきましょう。番号は、重要度順ではありません。なぜなら、考えるだけで時間がかかってしまうからです。では、どのくらいの手間がかかるのか、少しご説明しましょう。

まず、重要かどうかを考えるときには、次の4つに分割する考え方が主流です。

①緊急、かつ重要
②緊急ではないが、重要
③緊急だが、重要ではない
④緊急でもなく、重要でもない

4つに分類するだけでも大変です。その上、もし、重要度が同じくらいだったら、どちらの着工順位を③にして、もう1つを④にするのかと考える時間が、もったいないのです。

一方、私がオススメする「やることリスト」の書き方は、次の通りです。

①とにかく、その日のうちにやるべきことを書き出す

②①の中から、2大目標を決める

③着手する順に、1、2、3、4、5……と番号を振る

まず、その日にやることを、すべて書き出します。

次に「これが2大目標の1位だな。こちらが2位だな。この2つが達成できたら、今日はいい1日だと思おう」と決めます。

最後に、手をつける順番に、1、2、3と番号を振っていって、1から順番に手をつけるのです（詳しくは次項にて）。

なぜ、番号をつけるのかというと、次に何をするかを考える時間を、ゼロにしていくためです。

2大目標を決めたら、
着手する順番を決めよう

着工順位	2大目標	やることリスト
1		佐藤様にメールを返信する
8		机の上を片づける
7	★	○○についての資料の本を読む
5		会社のオフィス用具の発注をする
3		給湯器をセットする
6		鈴木様に電話をかける
2		高橋様宛てに荷物を送る
4	★	○日の打ち合わせの資料を作る

「次に何をするか？」を考える時間を減らす努力をしよう！

せっかくやることリストに書いても、次に何をしようかと考えている時間が、あとから必ず生じてきます。

その考えているムダな時間をゼロ秒にするために、朝の時点で、手を打っておくのです。

そうすると、集中状態が途切れずに、最速で仕事ができます。

多くの人は、1つの仕事が終わったときに次に何をするべきか、10秒以上は悩みます。

行き当たりばったりで、仕事をしているから、迷う時間が生じてしまうわけです。

朝の時点で、何を行うかという順番まで決めておいてこそ、戦略と言えるのです。

戦略とは、順番である

ビジネスの世界では、「戦略とは、順番である」という格言がよく言われます。

特に会社経営では、何をした後に、何をするかを決めておくことが大切です。

ビジネスモデルができあがってから、広告を打つのか。

広告を打ってから、ビジネスモデルを考えるのかでは、前者のほうが戦略として優れています。

広告を出すときも、まずはこの広告、ダメならばこの媒体に広告を出そうと決まっている会社が、戦略のある会社です。

まず、お客様にこの商品を売って、次にこの商品を売るという、商品を売る順番が決まっている会社が、戦略がある会社だと言えます。


毎日の仕事も、順番が大切です。

どの仕事の次に、どの仕事をしたら効率的に行えるのか？

午後にやったほうがいい仕事はどれか？

午前の一番にやったほうがいい仕事はどれか？　というのが、優先順位を毎日つけていると、わかってくるのです。

5

スポーツを始める前のストレッチと同じで、まずは「雑用」という準備運動をしてから、最優先の仕事をするとよい。

集中できる人は、雑用を、ウォーミングアップに使う

気が散る人は、雑用を、ただの雑用だと思ってこなす

着工順位1位を、簡単に終わる雑用にする

前項までを読んで、「そうか、優先順位1位、2位の順番で、仕事に取りかかればいいんだな」と、考える人がいます。

一見、大切なことから順番にこなしていったほうがいいと考えてしまいがちです。

ですが、**優先順位と、着手する順位は異なります。**

私の場合は、「本を30ページ書く」というのが、優先順位1位のときが多いですが、だからといって、いきなり本を書き始めるわけではありません。

編集者にメールの返信をしたり、部下に指示をしたり、すぐにできるような雑用を先に行うことがあります。

なぜ、一番大切なことから始めないのかというと、助走をつけてからでないと、ゾーンに入りづらいからです。準備運動をしてから、プールに入るようなものです。野球選

手も、キャッチボールをしてから試合に入ります。

同じように、ゾーンに入るまでに、雑用をして10分くらいは過ごすのです。そうすると、時間を有効活用できます。

いきなりトップギアに入れたい気持ちもわかりますが、やることリストに書き出した中で、**簡単に終わらせることができる雑用に、「1」と書いて、その仕事から始めるのがオススメです。**

私の場合は、本を書くという作業は、たいていは、2か3という着工順位です。そのほうが、本を書き始めた瞬間が、ちょうどゾーンタイムとなるからなのです。

「助走」をつけたほうが、仕事は速くなる

助走としてもっとも使えるのが、朝一番のメールの返信です。

メールの返信は、テニスで言えば、相手のコートにボールを打ち込むことです。

テニスは、自分のコートにボールがある状態でのみ、失点します。相手のコートにボ

ールがあれば、自分がミスをする可能性がゼロの時間になります。
常に、相手のコートにボールを入れ続けることができれば、理論上は、テニスで負けることはありません。

仕事も同じで、**メールを相手に送り、自分のメールボックスで止まっていない状態を作り続けることができれば、仕事ができる人間だと言われる**のです。

ならば、メールボックスに未読メールがある状態というのは、なるべく少なくしていかなければいけません。

メールの返信にいいのが、朝一番の時間帯です。

これは「助走」の役割があるのはもちろん、相手が出社するよりも前に、メールを送ることができれば、相手が一番に自分のメールを見てくれる可能性もあります。

ちなみに、私が、出版社の編集者に企画書を送るときは、なるべく9時50分をめがけて送るようにしています。そのほうが、最速で、私の案件に取りかかってくれる可能性が高いからです。

注意したいのは、11時、12時には、自分の仕事に集中するために、相手へのメールの返信を遅らせるようにすることです。集中が分断されるほうがよくないからです。

メールのラリーの応酬が午前中にあるというのは、好ましくない状態です。

メールは、朝10時前後の、早い時間帯に返信して、返ってきたとしても、なるべく14時以降にずらすというくらいなイメージが、集中するには最適です。

もちろん、集中状態が切れたら、メールの返信はするべきですが、ゾーンに入っている時間を大切にしたほうが、その日1日のトータルで考えれば、仕事ははかどります。

朝一番に、着工順位をつけて、そのうちの1~2番目あたりに、メールの返信という作業を入れ、簡単に完了できる雑用も、先に終わらせましょう。

そうすれば、3番目、4番目の仕事で、いきなりゾーンに入ることができるのです。

着工順位はすぐに終わる「雑用」を1番目にしよう

① 助走ナシ

② 助走アリ

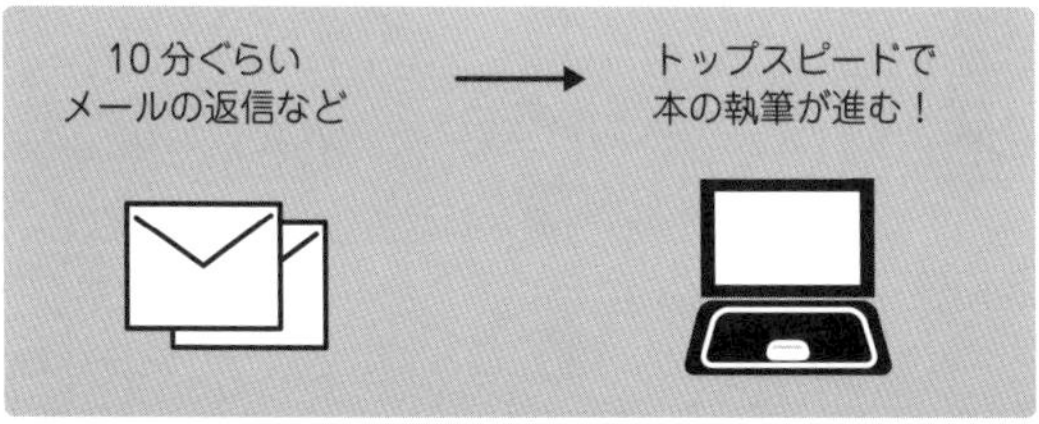

雑用から手をつけることで、集中を要する仕事でパフォーマンスを発揮できる。

⑥

身体のメンテナンスも集中するためには欠かせない。身体作りをルーティンワークに組み込むことでよりよいビジネスライフを送ることができる。

集中できる人は、月曜に身体のメンテナンスをする

気が散る人は、身体の痛みをガマンする

身体の痛みを取り除くことを、最優先にする

よく「肩や腰が痛くて仕事に集中できません！」という人がいます。身体こそ、日々の習慣によってケアされるべきものです。

身体の調子が悪い場合は、毎週月曜日を身体のメンテナンスデーにして、解決することがオススメです。

痛くて集中できないのであれば、優先順位1位を「痛みを取り除くこと」にしましょう。そして、治療院を調べて、通ってください。順番としては、

①痛みを取り除くために、週に2回ペースで、治療に行く

②身体のメンテナンスのために、毎週月曜日を身体のメンテナンスデーに決める

というスタイルを築きましょう。

痛まなければ、月曜日を身体のメンテナンスデーにすることで、たとえば、第1月曜

日はストレッチ、第2月曜日は整体、第3月曜日はスポーツジム、第4月曜日はエステ……といった形で、1カ月の中でバリエーションを作ることができます。

こうすることで、その**1週間を快適に過ごすリズムが生まれます。**

なぜ月曜日なのかというと、月曜日は、たいていはお店が空いているということと、1週間の始まりが月曜日だからです。

もし、月曜日に行けなかったときには、火曜日に移動することもできます。

1週間、健康に動ける身体を作る。

その後に、仕事をするというルーティーンを作ることで、毎日、集中できるようになるのです。

身体のメンテナンスのスケジューリング例

	月曜日	火曜日～金曜日
第1	ストレッチ	
第2	整体	
第3	スポーツジム	
第4	エステ	
	メンテナンスデー	集中して仕事をする

1週間の中で「メンテナンスデー」を作り、集中できる身体作りをしよう。

第6章

集中するためのマインドテクニック

①

わざと途中で仕事を切り上げたほうが、翌日仕事を再開するときに、トップスピードで取りかかることができる。

集中できる人は、キリの悪いところで終わらせる
気が散る人は、キリがいいところで終える

わざと、キリの悪いところで仕事を終える

「ここまでやれば、キリがつく。キリがいいところまでやって、今日は終わろう」

そういう方も多いはずです。

「仕事は、キリがいいところまでやって、終えるものだ」と当たり前のように考えている方も多いでしょう。

違います。

「わざと、キリが悪いところで仕事を終える」という習慣をつけていたほうが、集中できるのです。

なぜかというと、**キリが悪いところで終えておけば、次の日まで「気持ち悪い」気分で過ごすことができます。**

「あそこまでやっておけば、キリがよかったのに」と思いながら、翌朝を迎えることができるのです。そうすると、仕事に取りかかったときには、すでに助走がついている状

態になるのです。仕事を始めてすぐに、トップスピードに乗れます。

反対に、キリがいいところで仕事を終えたら、また次の日に、ゼロから重い腰を上げて、仕事を始めなければなりません。

たとえば、本を執筆する場合は、トップスピードのときにする仕事は執筆業務ですが、それに例えると、「今日は、2章まで書けた。キリがいいからやめよう」という考え方はダメです。

「3章の最初の3行まで書いた。キリが悪いところでやめておこう」が正解です。

「キリが悪いから、2章があと10行で終わるところでやめておこう」というのは、もったいないです。

せっかくなので、新しい章に突入したほうが、翌日の仕事の助走をできている状態を今日作ることができるのです。

常にエンジンをかけておけば、集中できる

これまでに600冊近くの小説を出版された赤川次郎氏は、年に15冊以上のペースを40年以上継続されているという、まさに超人とも言うべき作家です。

実は、赤川氏の執筆術は、集中法を学ぶのにとても勉強になりますので、ご紹介しましょう。

赤川氏は、常に机の隣に、5つの棚を置いているそうです。

上から、A社、B社、C社……といった具合に出版社ごとの棚です。

3ページ書いたら、その棚に原稿を入れていくといった具合に、**常に5作品を同時に手がけている状態を作ります。**

最上段の棚の作品はクライマックスシーン、2番目の棚は序盤、3番目の棚は中盤、といった形で、5作品を同時並行で書いていけば、常に、キリが悪い状態を作ることができます。

キリが悪いので、自然と、1作品を書きながら、同時にほかの4作品のことを考える

ことができます。そうすれば、常に筆が止まることがなく、集中状態を維持しながら、最速のスピードが維持できるというわけです。

常識的に考えれば、1作品を仕上げてから、次の作品に移るのが普通のやり方です。そんな中、常に、未完成の5作品がある状態を、わざと作るのです。

「キリがいい状態で、仕事を終えよう」と思っていたら、もう一度、よっこらしょと重い腰を上げて、次の作品に取りかからなければいけません。

エンジンを1回切って、またエンジンをかけるというのではなく、**常に、エンジンがかかりっぱなしの状態を作っておく**というわけです。

「集中できません」という人に限って、キリがいいところで終わらせる習慣が染みついています。

集中できる人は、わざと、キリが悪いところでやめる習慣が、当たり前になっているのです。

赤川次郎氏の棚

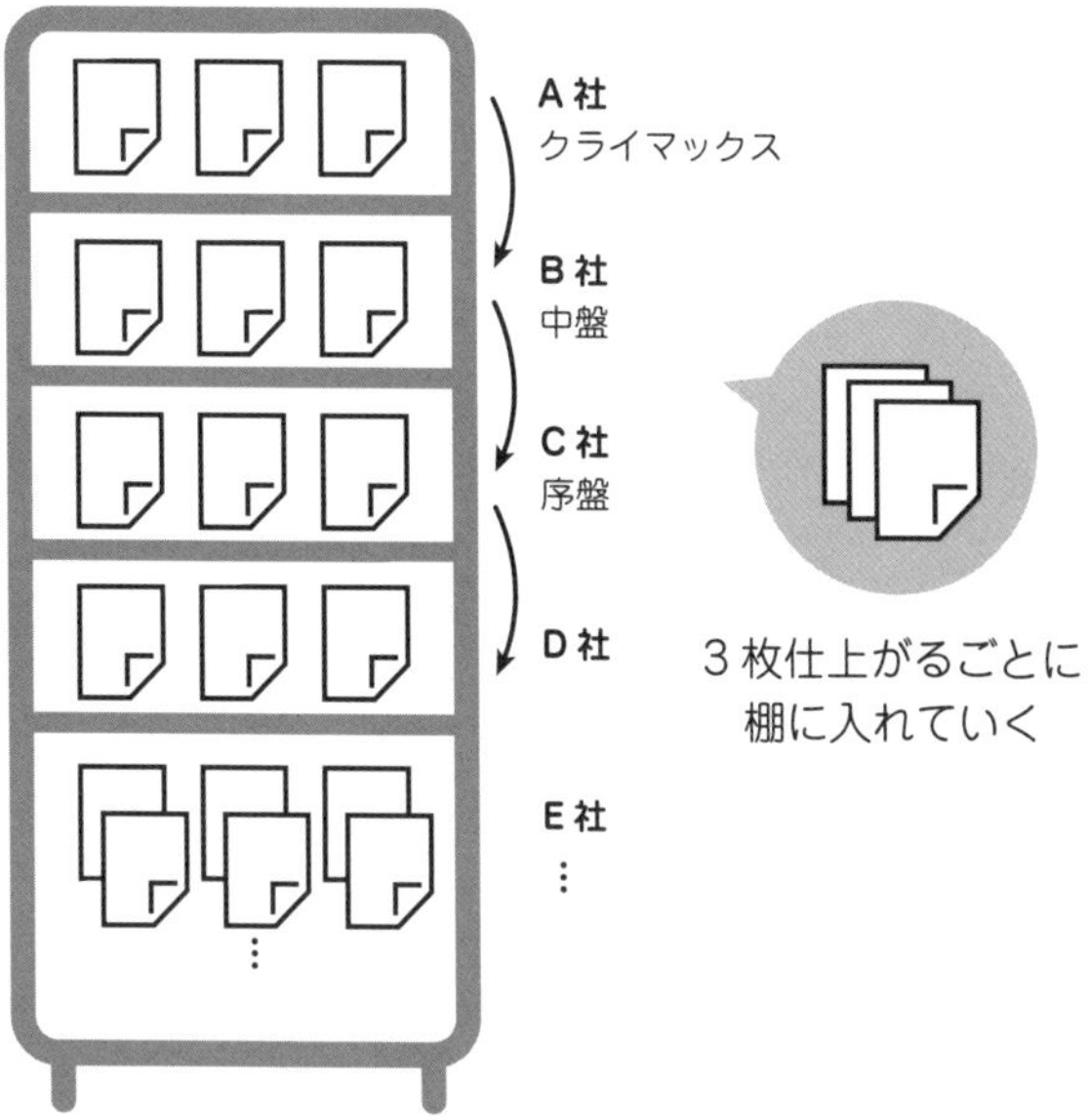

常に複数の作品を同時進行したほうが、スピードは上がる。

②

休日と仕事のオンオフの切り替えを作るのではなく、常にオンのまま過ごす。

集中できる人は、
休日は「気持ちを解放する仕事だ」
と思っている

気が散る人は、
休日は休日だと思って、
漠然と過ごしている

オンオフは作らず、常にオンの状態で生きる

「仕事は、オンとオフが大切だ。やるときはやる、やらないときはやらない。ケジメが大切なんだ」という人がいます。

しかし、「オフがゼロでオンが1」と考えていたら、**ゼロから1にするときに力が要ります。**

「よし、これから仕事をするぞ！」と重い腰を上げるひと作業が必要になるのです。

身の回りでも、止まっているものを動かすときには踏ん張りますが、動いているものなら少し押すだけで済みます。

執筆でも、ゼロページ目から1ページ目分を書き起こすのは大変ですが、1ページ目から2ページ目、2ページ目から3ページ目を書くのはラクです。

集中状態のときも同じで、「常に集中している」ときにさらに集中する」のは簡単です。

スーッと仕事に入り、スーッと休みに入ったほうが、仕事に入るときに、力を入れずに集中状態に入ることができます。

仕事の日と休みの日を分けると、「月曜日から仕事かあ。仕事に行きたくないなあ」と、日曜日の夕方に、ブルーな気持ちになります。

たとえば、「日曜日の夕方に、サザエさんを観終わると、気持ちが重くなる、憂うつになる」という状態になってしまうのは、オンとオフの切り替えが大切だという考え方が、根底にあるからです。

「仕事と休みは別モノだ。きっちりケジメをつけなければいけない」という思考回路は、捨てましょう。

「仕事は休みの一部であり、休みは仕事の一部である」と思えばいいのです。

完全に休みである部分、完全なる仕事の部分もあるが、きっちり仕事と休みを分けない部分が存在してもいいですし、そのほうが集中状態に入りやすいのです。

「そんなことを言ったら、疲れが取れないじゃないか。休みのときに、仕事の疲れを取

仕事と休みは一体化するのが理想

・オンとオフが分かれている人

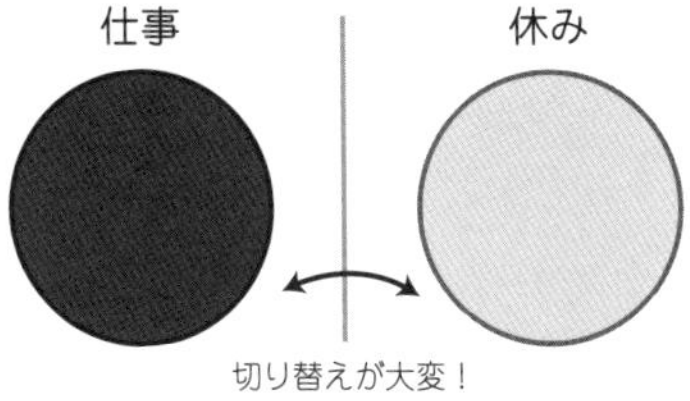

・少しずつ重なっていくと……

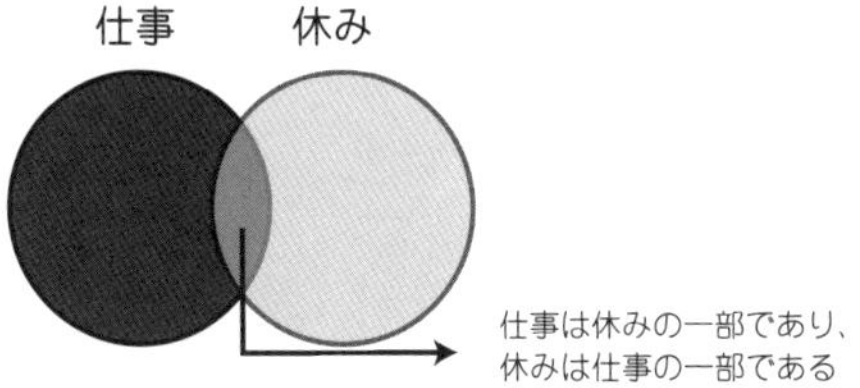

・一体化を目指す！

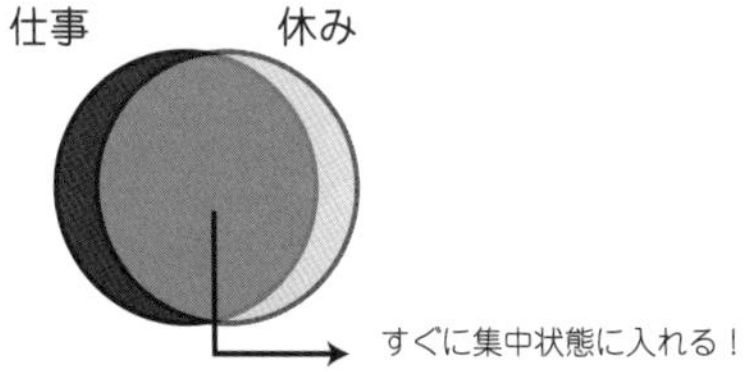

仕事と休みを同一化すれば、
疲れないし、集中しやすくなる。

るんだ」という人もいるでしょう。
そういう人は、「仕事＝疲れるもの」「休み＝疲れないもの」と決めつけているのです。

「仕事＝疲れるもの」はただの思い込みだと知る

休みの日にディズニーランドに行けば、たいていは疲れますし、休みの日に登山をしたら、翌日は筋肉痛になります。**休みの日でも疲れることはあるのですから、仕事をしたら疲れるものだというのは、ただの「思い込み」です。**

仕事をしながら休んで、休みながら仕事をすれば、常に仕事をしている状態になり、常に休んでいる状態にもなります。

テレビタレントの方は、仕事としてテレビに出演して、休みの日には録画したテレビを観ていたりします。

また、作家は、仕事として本を書き、休憩として本を読んでいます。

「**私は、仕事が休みであり、休みが仕事である**」とマインドセットができれば、仕事をしていて疲れなくなります。

私の場合は、執筆のしすぎで手が疲れることがありますが、それ以外は、疲れません。家族サービスをするのも仕事、漫画喫茶に行くのも仕事、デートをするのも仕事、友達と飲みに行くのも仕事、寝るのも仕事だと思えば、常に仕事をしていることになります。

「ずっと仕事なんて、嫌だ。気晴らしがしたい」という方は、「仕事＝嫌なもの」「遊び＝好きなもの」というマインドセットになってしまっています。

「仕事は仕事、遊びは遊びでケジメをつけなさい」というのは、間違っています。

仕事は遊びであり、遊びが仕事だと思えばよいのです。

このようなマインドセットができれば、最速で集中状態を作れるようになるのです。

③

就寝時間よりも、起床時間を毎日同じにすることを意識します。さらに、季節に合わせて起床時間を変えることも大切です。

集中できる人は、朝起きる時間を決めている

気が散る人は、起きる時間が日によって変わる

睡眠時間は、7時間30分がベストだ

「寝不足だ。今日は集中できない」という人がいます。

十分に寝ていれば集中できるが、睡眠時間が少ないと集中できないというのは、思い込みです。

世の中には、3時間睡眠でも、集中状態を作り出すことができる人もいれば、8時間睡眠でも、集中できない人もいるからです。

大切なのは、何時間寝るかという「睡眠時間」ではなく、朝何時に起きるかの「起床時間」です。

睡眠時間も、起床時間も、必勝法がすでに存在します。

睡眠時間は、「7時間30分」がベストで、成長ホルモンもよく出て、一番長生きするという結果がすでに出ています。

そうはいっても、そんなに細かく毎日コントロールするのは無理なので、7時間15分、

7時間、6時間45分、6時間30分になってしまっても大丈夫と考えておくくらいがちょうどいいでしょう。

「絶対に7時間30分でないとダメだ」と思ってしまうと、それはそれでストレスになります。

睡眠時間よりも大切なのは、起床時間です。

日の出と同時に起きるのが、一番身体にいいと言われています。

理想は、毎日、日の出とともに起きられるように、目覚ましをセットすることです。

私も使っていますが、これを実現できるｉＰｈｏｎｅ専用の無料アプリがあります。「あかつきアラーム」といって、日の出の2分前に目覚ましが鳴る仕組みです。

Ａｎｄｒｏｉｄスマホでも、同じような機能を実装したアプリが無料であるようなので、いろいろ試しながら使ってみてください。

ただ、日の出時刻は毎日数分ずつ変化していきます。それがストレスになってしまう

1年の中での日の出時刻の変化

起床時間は日の出時刻に合わせるとよい。

→必然的に、季節ごとに少しずつ起きる時間は変化していく
→起床時間を３パターンに分けるのも可

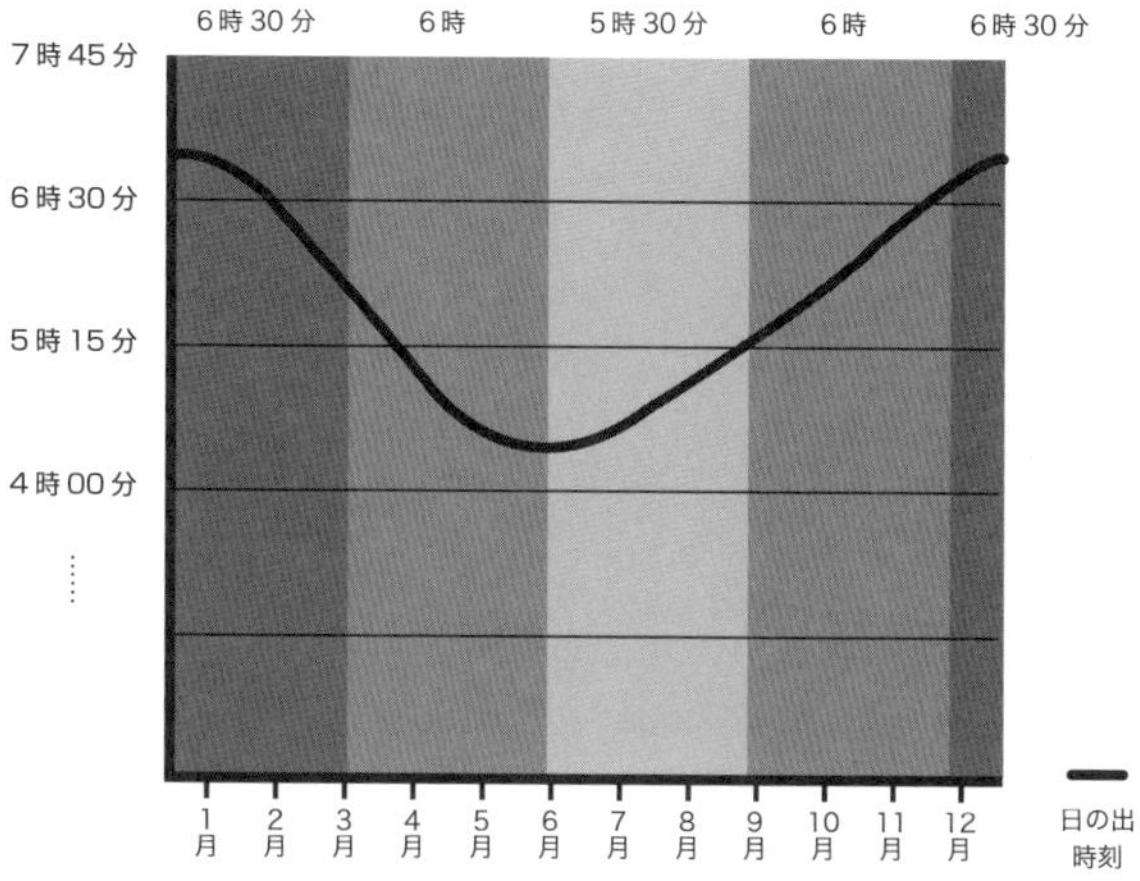

国立天文台「Tokyoのこよみ」を参照
http://eco.mtk.nao.ac.jp/koyomi/dni/dni13.html

日の出とともに起きて、
朝から自然に集中しよう！

という方は、春・夏・秋・冬の4回、起きる時間を変えるのが、オススメです。夏は5時30分、春・秋は6時、冬は6時30分で、理想的な起床時間になります。

朝ルーティンを作ると、集中状態に入れる

早起きがいいとはわかっていても、なかなか難しいものです。2章でもお伝えした通り、冬場なら起きる数時間前に暖房を予約しておくのもいいでしょう。

ほかにも、私の場合、「**朝ルーティンを作る**」ことが早起きとマインドセットに大きく貢献しています。

その名の通り、次のように、起床してから仕事に行くまでの動作を毎日同じにするだけです。

朝起きる→歯を磨く→顔を洗う→お風呂の追い炊きボタンを押す（ここまでで10～20分）→（できればここで体操したい）→本を選ぶ→読書をしながら入浴する（全部で1時間）

お風呂を出たときには、頭がスッキリした状態で、かつインプット作業も終えていま
す。頭も身体も起きた状態が作れます。

最初からここまでするのは難しいかもしれませんが、まずは、朝ルーティーンを10分
でも20分でもいいから作ってみることをオススメします。

寝る時間はバラバラでもいいので、起きる時間だけは決めておく。そして、朝行うこ
とも毎日同じにする。

こうすることで、起きた瞬間に、「今日は集中できる1日だぞ」とマインドセットが
できるのです。

④

締め切りに追われっぱなしだと、ゾーンに入りづらくなってしまう。常に前倒しで進めれば、集中できるし、仕事相手にも信頼される。

集中できる人は、明日やることはすでに終えている

気が散る人は、締め切りに追われる

前倒しで進めることで、集中できる

「どうしよう。締め切りに間に合わない！」と焦って徹夜をする人がいます。期限前にシワ寄せが来る仕事のやり方はよくありません。

また、今日は12時間仕事、明日は16時間仕事、明後日は疲れて1時間も仕事ができないといったように、ムラを作るのもダメな仕事のやり方です。

これでは、**追い詰められて気が立ってしまい、集中状態に入れない**からです。

反対に、リラックスしたいつもの日常のほうが、仕事ははかどるものです。


そのためにも、締め切りから逆算してスケジューリングをし、余裕を持って仕事をしましょう。毎日8時間、毎日6時間など、コンスタントに仕事をする習慣をつけることで、ゾーンタイムも決められるようになります。

たとえば、「100日でやってくれ」と言われたら、50日〜65日でできるよう、あなたがスケジュールを組みます。

私がこの本の執筆を依頼されたとき、「2カ月くらいで執筆をしていただければありがたいのですが」というスケジュールでした。それに対し、「余裕を持って10日ください。とはいえ、5日で仕上げます」と宣言しました。こういうときは明言するに限ります。そうすることで、自分に負荷をかけることができるからです。

10日あれば余裕はありましたが、もしかしたら、風邪で寝込むことがあるかもしれませんし、突発的に緊急の仕事があるかもしれないので、そこは幅を持たせておきます。

そして、**本当に5日で完成すれば「早いですね！」と感謝され、仕事ができる人間だと認知していただけます。**

注意してほしいのは、「3日でできます！」と宣言して5日かかったら、ダメな人だと思われるということです。「10日でできます！」といって、5日で仕上げれば、仕事ができる人だと思われます。スケジュールに余裕を持ちすぎるのはよくありません。自分を甘やかすことにつながってしまうからです。

それを戒める、社会学者のチャールズ・クーリーの有名な言葉があります。

予定は前倒しで進める

・石井貴士のある執筆スケジュール

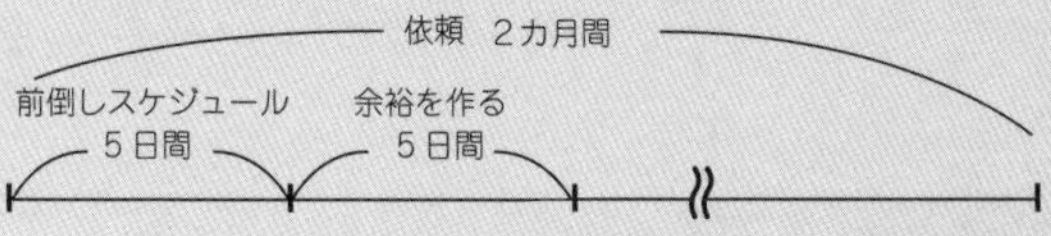

→「期限内」というだけではなく、
「前倒し」をしたことで、感謝もされる

注意点

・いくら早くても、自分で宣言した期限までに
完了しなければ信用度は上がらない

・期限を宣言するときは、突発仕事のリスクも考えて
少し余裕を持つ

・自分を甘やかしてしまうほどの、余裕の持ち方はダメ！

**理想は、相手から頼まれた時点で
仕事が完了していることだ。**

明日はなんとかなると思う馬鹿者。今日でさえ遅すぎるのだ。賢者はもう昨日済ましている。

常にやることを前倒し、前倒ししていくことで、仕事ができる人になっていきます。

新人時代は、突発的な仕事を頼まれるケースが多いかと思いますが、そのときに「昨日の仕事がまだ終わっていないので」と言ってしまうと、昨日の仕事を今日に持ち越した「仕事ができない人」だと思われてしまいます。

いかに、「すでに仕事が終わっている状態を作れるか?」が、目指す境地なのです。

すでに完了している状態が、一番速い

「仕事が終わっている状態」とは、具体的にはどういうことでしょうか。この本で言えば、出版社から執筆依頼がある前に、『仕事ができる人の「集中」する習慣とコツ』の原稿がすでに書き上がっている状態を指します。

「石井先生に、『集中』をテーマにした本を作ってほしいんです」

「ありますよ？　今、原稿をメールで添付しますね」というやり取りであれば、5日もかからなくて済んだはずなのです。

それを理想とし、本書執筆時点では、ストック原稿を、小説が8作品、参考書2作品、ビジネス書4作品を持っています。編集者の方と打ち合わせをしたときに、タイトルによっては、「これで行きましょう」となり、その場で、完成原稿をメールで添付して送信することもできます。

トップレベルの占い師は、今日、**どんな依頼主が来て、その依頼主はどんな悩みを持っていて、どうすれば解決できるかを依頼主が来る前から、わかっています。**

目の前にお客さんが座った瞬間に、「ご主人と離婚しようか迷っているんですね。離婚しないほうがいいですよ」と、言える占い師が、一流の占い師です。

このように、あなたにどんな仕事が任されるかを予測して、すでに仕事が終わっている状態を作れる人が、本当に仕事ができる人なのです。

⑤

やる気のあるなしで仕事をしていると、ムラが出てしまう。たとえ嫌なことがあっても、ツライことがあっても、常に同じ姿勢で仕事に向かおう。

集中できる人は、「その気」になる
気が散る人は、「やる気」を出そうとする

やる気を出すのではなく、その気になる

- **「さあ、今日も仕事をするぞ」と意気込んでいる人**
- **「気がついたら、仕事に取りかかっていた」という人**

この2つのうち、どちらが集中できる人でしょうか。

答えは後者です。前者のように、「やる気を出さないと仕事ができない」という人は、やる気を出すまでに時間と労力がかかります。

本書をご覧のみなさんは、やる気があろうがなかろうが関係なく、集中状態に入り、仕事を進める人を目指しましょう。

私は前職がアナウンサーだったのですが、「アナウンサーは、たとえ親が亡くなった直後でも笑顔でいろ」と、新人時代の研修で叩き込まれます。

なぜなら、視聴者にとっては、アナウンサーのプライベートな出来事はまったく関係

がないからです。

今日の天気は晴れなのか、雨なのか、ニュースの内容は、どんなものなのかを伝えるのがアナウンサーの仕事です。「つき合っている人に振られたから、テレビの画面で暗い表情をしている」「上司に怒られた直後だから、笑顔が作れない」というのは、プロのアナウンサーとして失格です。

気分がいいときだけは頑張るけれども、気分が乗らないと頑張れないというのは、どんな仕事においても、プロフェッショナルではないのです。

いかにその日の気分に左右されずに、集中状態に入り、一定のパフォーマンスが出せるかが、プロフェッショナルとしての仕事です。

そこで、大切な考え方が、「その気になる」ということです。

「やる気になる」という思考回路が存在すると、やる気がある自分と、やる気がない自分を作り出してしまいます。

一方、「その気になる」のは、すでに「できる自分」が存在し、気持ちを少し切り替えるだけで仕事に取りかかることができるのです。

やる気とその気の違い

・やる気を出す

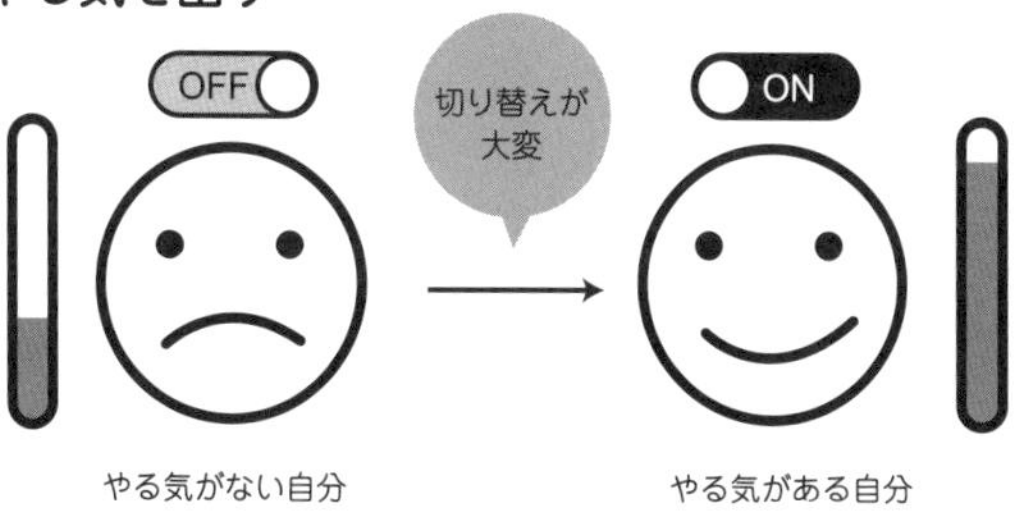

・その気になる

この状態を作り出すだけで、
あなたもすぐに集中状態に入れる！

そうなれば、自分のやる気のある、なしによって、仕事のパフォーマンスが上下することがなくなります。

役者になったつもりで人格を使い分ける

それでも、嫌なことがあったりすると気持ちのコントロールができないという人は、役者のように、「仕事人」として、今自分は演技をしているのだと考えてみてください。

役者は、普段は（当たり前ですが）、自分として生きています。

役者の本名が田中太郎という名前であれば、田中太郎という人間として生きています。ですが、殺人鬼の役をするときには殺人鬼になりますし、医者の役をするときには医者になるはずです。

「その気」になって、普段の自分とは違う人格を演じるのが、役者です。

たとえプライベートで嫌なことがあったとしても、殺人鬼を演じている間は、カメラの前では、殺人鬼として考え、殺人鬼として行動をします。

プライベートで落ち込んでいたとしても、役者として、「仕事人」の仮面をつけた瞬間に、落ち込まなくなるのです。

この方法は、人に話しかけられて集中が途切れてしまうときにも有効です。「集中する自分」と「他者と談笑する自分」の二役を持っていればいいだけです。

あなたは、今のあなたのままで、集中しようとしてはいないでしょうか。

だから、集中できないのです。

「いつでも集中状態に持っていける自分」という仮面を手に入れることができれば、あなたも集中できます。あなたがやる気になろうとしたら、やる気が出ないもう一人の自分を作り出してしまうだけです。

「いつでも集中状態になれる」というもう一人の自分を作り出し、いつでも「その気」になればいい。

あなたは「その気」になるだけで、今、この瞬間に、いつでも集中状態を作り出せるスーパーマンになれるのです。

あとがき

「その気」の自分を作れる人が、成功する

石井貴士は、本名です。

この名前で、アナウンサーをしていました。

なので、作家としても、そのまま石井貴士として活動しています。

そんな中、小説を書くことになり、本名のままだと不都合だということになりました。

なぜかというと、フィクションを書くのが石井貴士だと、ビジネス書を中心に書いている石井貴士の本の内容まで、フィクションだと思われかねないからです。

本当のことを言う石井貴士に対して、ウソのことしか書かない、もう一人の自分を作り出す必要があったというわけです。

そこで、姓名判断で画数を研究した結果、小説家としての石井貴士のペンネームが別に決まりました。別人格の石井貴士です。

その瞬間に、「小説なんて書けない。なぜなら、石井貴士はビジネス書作家であり、本当のことしか言えないからだ」というメンタルブロックがハズれました。

「リアルに存在することは書かない。どんどん現実離れしたことばかりを書く」という別人格ができた瞬間に、小説を書いたことがなかった自分が、スラスラと小説が書けるようになったのです。

小説を書いていたら、漫画の原作を書きたくなりました。

ですが、小説家の「紅林貴《くればやしたかし》」のままでは、漫画の原作が書けませんでした。

なぜなら、情景を文字にして、長々と描写するための仮面が、「紅林貴」だったからです。漫画の原作の表現は、小説の表現とは違います。

状況を説明するための、ナレーション部分の文章量を極力削り、登場人物のセリフだけで、世界観を表現しなければいけません。

そうなると、石井貴士でも、紅林貴でも、漫画の原作が書けませんでした。

そこで、漫画原作者としてのペンネームが必要になりました。

それが、「天野川《あまのがわ》マイ」です。あえて、男性ではなく、女性の名前をつけました。

実際の性別とは異なるように見えるペンネームを持つ、著名な漫画家がいるからです。


また、手塚治虫さん、藤子不二雄さんは、ベレー帽をかぶって漫画を描いていました。

ということは「漫画家としての集中アイテムは、ベレー帽なのではないか」という仮説を立てました。そこで、私は漫画の原作を書くときは、必ず「ベレー帽」をかぶるようにしたというわけです。

石井貴士も、紅林貴もベレー帽をかぶりませんが、天野川マイは、ベレー帽をかぶることにしたのです。こうすれば、ベレー帽をかぶっているときだけは、漫画の原作が書けるスーパーマンの自分を作り出すことができます。


石井貴士の別人格が、紅林貴であり、天野川マイなのです。

仮面を手に入れることで、集中する自分が手に入る

あなたは、集中することに自信を持っていないかもしれません。

ですが、集中する別人格の自分を作って、「その気」になれば、集中することができます。私も、午前10時から時までの4時間のゾーンタイムに、コーヒーを片手に、おせんべいを置いて、ＰＣメガネをかけているときだけは、スーパーマンです。

ですが、それ以外のときは、ごく普通の石井貴士です。

あなたがなかなか集中できないのは、今のあなたのまま集中しようとしているからです。いつでも集中できるような別人格を作り、その別人格になり切ることで、集中できるようになります。あなたは、あなたのままで構いません。

「集中人格」を作って、「その気」になるだけで、あなたもいつでもスーパーマンになれるのです。

著者

〈著者紹介〉
石井 貴士（いしい・たかし）

株式会社ココロ・シンデレラ代表取締役。

1973年生まれ。高校2年のときに、「1秒で目で見て、繰り返し復習すること」こそ、勉強の必勝法だと悟る。

そして、「1単語1秒」で記憶するためのノートを自作して、実践した結果、たったの3カ月で、英語の偏差値を30台から70台へ上昇させることに成功。その結果、代々木ゼミナール模試・全国1位（6万人中1位）、Z会慶応大学模試・全国1位を獲得し、慶應義塾大学経済学部に合格。

また、大学入学後、ほとんど人と話したことがないという状態から、テレビ局のアナウンサー試験に合格。

アナウンサー在職中に、突然、「無職からスタートしてビッグになったら、多くの人を勇気づけられるはず！」と思い立ち、本当に退職して局アナから無職に。その後、世界一周旅行に出発し、27カ国を旅する。

帰国後、日本メンタルヘルス協会で「心理カウンセラー資格」を取得。

2003年に株式会社ココロ・シンデレラを起業。

1冊を1分で読めるようになる「1分間勉強法」を伝授する一方で、作家活動も展開。現在、累計62冊。180万部を突破するベストセラー作家になっている。

主な著作に、ベストセラーとなった『本当に頭がよくなる1分間勉強法』『CD付1分間英単語1600』(いずれも、KADOKAWA/中経出版)などがある。


入社1年目から差がついていた！

仕事ができる人の「集中」する習慣とコツ

2016年5月20日　第1刷発行
2016年5月26日　第2刷発行

著　者――――石井 貴士
発行者――――八谷 智範
発行所――株式会社すばる舎リンケージ
〒170-0013　東京都豊島区東池袋3-9-7　東池袋織本ビル1階
TEL 03-6907-7827　FAX 03-6907-7877
URL http://www.subarusya-linkage.jp/
発売元――株式会社すばる舎
〒170-0013　東京都豊島区東池袋3-9-7　東池袋織本ビル
TEL 03-3981-8651（代表）
03-3981-0767（営業部直通）
振替 00140-7-116563
URL http://www.subarusya.jp/
印　刷――ベクトル印刷株式会社

落丁・乱丁本はお取り替えいたします

ISBN978-4-7991-0535-1